이주의 기억, 기억의 이주

재미한인여성의 생애이야기

이 책은 2016년도 대한민국 교육부와 한국학중앙연구원(한국학진흥사업단)의
해외한인연구사업의 지원을 받아 수행된 연구임(AKS-2016-SRK-1230005)

이주의 기억, 기억의 이주

재미한인여성의 생애이야기

유철인 지음

學古房

일러두기

이 책의 생애텍스트에서 구술자가 영어로 말한 것은 외래어 표기법에 따라 한글로 적고 영어를 병기했다. 생애텍스트 중 대괄호[ ]는 구술자의 이야기에서 생략됐다고 여겨지는 말을 집어넣을 때 사용했고, 소괄호( )는 구술자가 한 말의 정확한 의미를 덧붙이고자 할 때 사용했다. 구술채록자나 인터뷰 동석자가 질문하거나 대꾸한 말은 큰따옴표" "를 사용했고, 구술자와 구술채록자의 행동을 묘사할 때에는 홑화살괄호〈 〉를 사용했다.

감사의 말씀

자신의 삶을 이야기해 준 네 명의 재미한인여성 구술자에게 깊은 고마움을 전합니다. 생애이야기 녹취록의 일부를 작성해 준 NLCS-Jeju(North London Collegiate School-Jeju)의 고등학생인 김규리, 이 책의 초고를 읽고 유익한 조언을 해 준 윤택림 한국구술사연구소장, 서울대 한경구 교수, 연세대 김현희 연구교수, 구술채록부터 집필까지 늘 격려해 준 인천대 정은주 교수께 감사드립니다.

| 목차 |

1장

초국가적 생애텍스트

1 생애텍스트와 이민연구

생애이야기life story나 생애사life history는 구술자가 자신의 지나온 삶을 구술채록자인 다른 사람에게 이야기한 생애텍스트life text이다. 생애사라는 용어는 한 개인의 지나온 삶에 관한 이야기가 과거의 사실이라는 점을 시사하고, 생애이야기라는 용어는 이야기를 하면서 지나온 삶의 경험이 재구성된다는 점을 강조한다(유철인 1996: 397; Chin 1999: 207).

경험은 행동과 그에 따른 감정뿐만 아니라 행동과 감정에 대한 자기성찰을 포함하는 개념이므로(Bruner 1986) 주관적일 수밖에 없다. 사람들은 선택적으로 어떤 경험을 기억해 내고, 기억난 경험 중에서도 어떤 것만을 선택하여 이야기한다. 경험한 것을 기억해 낼 때 사람들은 경험한 것에 대해 자기 나름의 의미를 만든다. 또한 자기의 경험을 다른 사람에게 이야기할 때 경험의 의미는 다시 만들어진다. 따라서 자기한테 있었던 경험을 기억하고 나름대로 평가하여 다른 사람에게 이야기한다는 것은 있었던 경험을 단순하게 나열하는 것이 아니라 재구성하여 표현한 것이다. 이 책에서는 구술자의 생애텍스트를 기본적으로 자기 경험의 표현으로 보고 생애이야기라는 용어를 사용한다.

미국 문화인류학에서는 1920년대부터 한 개인의 생애를 통해 사라진 아메리칸 인디언 문화를 재구성하는 작업을 하면서 생애사가 본격적으로 시작되었다(Langness and Frank 1981: 10). 개인의 경험을 통해 문화를 연구하려는 생애사의 효용성은 자기가 속한 집단을 대표하는 전형적인 구술자를 찾는 것에 달려 있다. 그러나 1970년대부터 나타난 사회과학의 해석적 경향(Rabinow and Sullivan 1979)과 재현 representation의 위기(조지 마커스·마이클 피셔 2005) 상황에서 생애사는 새롭게 조명되었다. 생애사는 구술자의 대표성보다 구술자와 구술채록자의 공동작업이 더 중요하다는 인식이 등장한 것이다. 예를 들면, 쿵족 여성 니사Nisa의 생애이야기(Shostak 1981)와 모로코인 남성 투하미Tuhami의 개인사(Crapanzano 1980)는 인류학자(구술채록자)와 구술자가 어떻게 생애사를 공동으로 만들어 가는지 보여주는 대화에 바탕을 두고 있다(조지 마커스·마이클 피셔 2005: 96).

미국 사회학도 일찍부터 폴란드 이민집단에 대한 연구(Thomas and Znaniecki 1918)를 비롯하여 생애텍스트 연구를 했다. 그러나 이민연구의 생애텍스트 연구방법은 이민자의 사회적응에 초점을 두면서, 이주의 초국가적transnational 성격이 주목받기 시작한 1990년대부터 본격화되었다(Goncharova 2016: 51). 다른 나라로 이주한 이민자 중 많은 사람이 고국과 거주국이라는 두 세계에서 사는 초국가적 삶을 살고 있다. 이민자의 삶에서 일상활동, 관심, 두려움, 성취 등이 씨와 날로 만들어지면서, 고국과 거주국의 두 세계에 사는 초국가적 과정과 행위는 경제적, 정치적, 사회적 및 문화적 분야에서 나타난다(Glick Schiller et al. 1995: 50; Al-Ali et al. 2001: 581).

초국가성transnationalism이라는 용어는 국제기구와 다국적 조직의 활동이 본격화하기 시작한 1970년대 초 국제관계학자들에 의해 소개되었다(Levitt and Waters 2002: 7). 이주의 초국가성에 대한 인류학적 논의는 글로벌화와 정보화에 따라 1990년대에 등장했지만, 국제이주는 항상 초국가적 성격을 가지고 있었기 때문에 이민자의 초국가적 삶은 오랜 역사를 가졌다는 주장도 있다.

민츠(Mintz 1998)는 오늘날의 초국가성이 가져온 변화는 이전 역사에서도 비슷하게 발견할 수 있으며, 대규모의 국제이주로 이민자들이 여러 세계에 사는 것도 수 세기의 역사를 가지고 있다고 주장한다. 예를 들면, 19세기 후반과 20세기 초반에 미국으로 이주한 유럽인 이민자들은 편지와 송금으로 유럽에 남아있는 가족과 연결 관계를 유지했다. 그러나 이민자의 초국가성에 대한 논의가 본격적으로 있기 전에는 국가라는 내러티브가 이러한 연결 관계를 무시하여 이민자는 고국에서 뿌리째 뽑혔다는 가정 아래 이민역사를 기록해 온 것이다(Glick Schiller et al. 1995: 51).

이민자의 생애텍스트는 이민자가 이민에 대해 어떻게 생각하는지 보여줄 뿐만 아니라(Thomson 1999: 29), 이민자가 처한 문제와 갈등은 무엇이며 위기를 극복하기 위해 사용하는 주관적인 행위능력은 어떤 것인지 알려준다(Apitzsch and Siouti 2007: 13). 이민자들은 이민 전 과거의 행동과 이에 대한 기억을 이민 후 새로운 환경에 적응하는데 활용하기 때문이다(Misztal 2016). 고국에서의 기억은 이주에 따라 이동한 것이며, 이주에 대한 기억은 이민자가 거주국에서 처한 상황에 따라 영향을 받는다(Creet 2011). 따라서 이민자의 생애텍스트는 기본적으로 '초국가적 전기'transnational biography이며, 생애텍스트 연구방법은 '아래로부터의 초국가성'transnationalism from below을 연구하는 기본적인 방법이 된다(Apitzsch and Siouti 2007: 6, 19, 원래의 강조).

재미한인의 생애텍스트가 미국에서 책으로 출판된 것은 20세기 초 미국 하와이로 이주한 초기 한인 이민자의 자서전, 초기 한인 이민자 2세 여성의 생애내러티브, 1992년 4월 29일 일어난 LA(로스앤젤레스) 폭동이 계기가 되어 수집된 38명의 생애이야기 등이 있다.[1] 초기 하와이 한인 이민자 자서전의 저자는 열 살 때인 1904년 부모 없이 이주한 차의석(Charr 1996), 다섯 살 때인 1905년 부모와 오빠랑 함께 이주한 백광선(Lee 1990), 열일곱 살 때인 1924년 동생들과 함께 이주한 피터 현(Hyun 1995) 등으로 비교적 어린 나이에 이민 온 사람들이다.

어렸을 때 싱가포르로 이주한 후 미국에서 공부한 재미한인여성 학자가 채록하여 책으로 펴낸 초기 한인 이민자 2세 여성의 생애내러티브(Chin 1999)는 1904년 캘리포니아로 온 아버지와 1920년 사진신부로 온 어머니 사이에서 1921년 태어난 염도라의 생애텍스트이다. 염도라의 생애내러티브는 구술자의 목소리, 구술을 끌어내는 구술채록자의 목소리, 그리고 구술자의 이야기를 들으면서 구술채록자 자신의 삶을 회고하는 목소리 등 세 가지 목소리를 담고 있다.

---

1) 4·29 LA 폭동은 흑인 로드니 킹Rodney King을 집단 폭행한 백인 경찰관들이 1992년 4월 29일 재판에서 무죄로 풀려난 것을 계기로 로스앤젤레스LA에서 아프리카계 미국인을 비롯하여 라틴계 미국인과 백인 등 여러 인종이 약탈과 방화를 일으킨 사건이다. 특히 사우스센트럴South-Central 흑인지역과 코리아타운의 피해가 컸는데, 로스앤젤레스의 한인들은 그날을 "사이구"로 부르고 있다(장태한 2002: 257).

LA 폭동 때 미국 미디어에 비춰진 재미한인의 전형적인 이미지에 자극을 받아 수집한 38명의 생애이야기를 책으로 펴낸 구술채록자는 나이, 젠더, 세대, 직업, 정치의식, 성적취향, 미국 거주기간 등의 측면에서 나타나는 재미한인의 "다양성"(Kim and Yu 1996: XIII)을 보여주고자 했다.[2] 생애텍스트는 구술자의 주관적인 경험을 드러낸다는 점에서 구술자가 속한 집단 내 다양한 목소리를 들려준다. 특히 재외한인의 생애텍스트는 이주와 적응의 측면에서 다양성을 드러낸다(박경용 2014).

재미한인의 생애텍스트 연구로는 미군과 국제결혼한 한인여성의 생애이야기(Yoo 1993; 유철인 1996), 미국 인디애나주 거주 한인 부부의 구술생애사(임영상 2006), 메리 백 리Mary Paik Lee의 자서전(Lee 1990)을 읽은 연구(이소희 2016; 유철인 2020) 등을 들 수 있다.

미군과 국제결혼한 한인여성의 생애이야기(유철인 1996)는 주제와 서술전략에 초점을 두어 해석한 것인 데에 비해, 재미한인사회를 위해 헌신해 온 인디애나주 거주 한인 부부의 구술생애사는 단지 한인사회의 "롤 모델"(임영상 2006: 279)로 제시됐다. 한인 부부의 구술생애사는 인디애나대학교 역사와 기억 연구소Indiana University Center for the Study of History and Memory가 수집하여 〈인디애나의 한인 이민자, 1990〉이라는 제목으로 인디애나대학교 도서관의 구술사 아카이브에 저장되어 있는 구술자료를 바탕으로,[3] 저자인 구술채록자가 2003년 다시 인터뷰하여 기록한 것이다(임영상 2006: 280).

---

2) LA 폭동 당시 미국의 뉴스미디어에 비춰진 재미한인의 이미지는 지붕 위에서 총을 들고 자신의 가게를 지키려는 남자와 부서진 자신의 가게 앞에서 히스테릭하게 울부짖는 여자의 모습이다(Kim and Yu 1996: XVI).

3) http://purl.dlib.indiana.edu/iudl/findingaids/cshm/ohrc073 (검색일: 2020.7.16).

인디애나대학교 역사와 기억 연구소는 1990년 4월부터 1991년 7월까지 10건의 인터뷰를 수행했는데, 그 중 1건만 부부가 같이 인터뷰를 했다. 구술자료는 아카이브로 저장됐을 때 자료의 효용 가치가 높아지는데, 로스앤젤레스에 있는 코리안 아메리칸 박물관 Korean American Museum이 수집한 재미한인의 구술사는 남가주대학교University of Southern California 도서관에 〈코리안 아메리칸 디지털 아카이브〉라는 항목으로 저장되어 있다.[4]

다섯 살 때인 1905년 부모와 오빠랑 함께 이주한 백광선(메리 백리)의 자서전을 젠더, 인종, 역사적 주체성의 관점에서 읽은 글(이소희 2016)은 그녀가 일상생활에서 겪은 다양한 인종차별에 주목했다. 유철인(2020)은 그녀의 자서전에 나타난 초국가적 삶을 초기 한인 이민자 1세의 고국에 대한 관심, 고국에 남겨진 가족에 대한 경제적 도움, 2세로 이어진 한국과의 연결 관계 등 세 가지 측면에서 읽었다.

2 구술채록과 생애텍스트의 해석

재미한인은 로스앤젤레스, 뉴욕, 워싱턴 지역 등 세 지역에 가장 많이 모여 살고 있다. 미국 인구통계조사국의 2005년 미국지역사회조사American Community Survey 추계에 의하면, 재미한인 인구규모가 가장 큰 메트로폴리탄 지역은 로스앤젤레스, 뉴욕, 워싱턴 지역

---

4) https://libguides.usc.edu/KADA (검색일: 2020.7.17).

(워싱턴, 버지니아주, 메릴랜드주)으로 이 세 지역의 한인 인구(52만 8,309명)는 미국 전체 한인 인구(124만 6,240명)의 42.4%에 해당한다(신의항 2007: 339-340). 재미한인은 미국 내 인종집단 중에서 자영업에 종사하는 비율이 13.6%로 가장 높은데(신의항 2007: 331-332), 1990년대부터 새롭게 사업 기회가 생겨나는 곳으로 이주하여 거주지역이 미국내 다른 소수집단 인종과 달리 미국 전역으로 확산됐다(윤인진 2007: 164; 임영상 2006: 278). 2003년 미국 이민 100주년을 맞이하여 한미동포재단Korean American United Foundation과 미주 한인이민 100주년 남가주기념사업회가 『미주 한인이민 100년사: 아메리칸 드림을 찾아서』(2002)를 펴내면서 재미한인 연구가 한인이 밀집한 대도시 중심에서 다른 지역으로 확산될 수 있는 계기가 됐다는 평가도 있다(임영상 2003: 7).

이 책에 등장하는 네 명의 재미한인여성 구술자는 미국 애리조나주의 한 도시에 살고 있다. 미국 인구통계조사국의 1990년 인구조사 때 5,863명의 애리조나주 한인 인구가 2000년에는 55.6%의 증가율을 보인 9,123명이 되었다.[5] 애리조나주의 2010년 한인 인구는 1만 5,022명으로 2000년보다 64.7%의 증가율을 보였다.[6] 2000년부터 2010년까지 애리조나주는 애틀랜타가 있는 조지아주에 이어 미국 전역에서 두 번째로 한인 인구의 증가율이 크다. 그러나 애리조나주에서 재미한인이 가장 많이 사는 도시에도 코리아타운은 아직 형성되지 않았다. 애리조나주의 재미한인여성을 구술자로 선택했을 때,

---

5) U.S. Census Bureau, Population Census 1990, 2000 (윤인진 2007: 165에서 재인용).

6) 『아리조나 타임즈』 2011년 5월 19일, 「AZ 공식 한인인구는 1만5022명」(https://koreanaztimes.com/azknews_phoenix/16808, 검색일: 2019.9.15).

구술자가 한국에서 바로 애리조나주로 이민을 왔는지, 아니면 미국의 다른 곳으로 이민 왔다가 이주를 했는지가 궁금했다. 미국의 다른 곳에서 이주를 했다면 어떤 계기와 동기로 애리조나주로 이주했는지도 궁금했다.

애리조나주 거주 재미한인여성의 생애이야기는 세 번의 단기간 현지조사에서 수집됐다. 2017년 2월 1일부터 7일까지 1차 현지조사를 했고, 2018년 4월 29일부터 5월 8일까지 2차 현지조사를 했다. 그리고 2018년 11월 10일부터 14일까지 마지막 3차 현지조사를 수행했다. 생애이야기를 해 줄 구술자를 수소문한 끝에 1차 현지조사에서 한식당 주인인 찬미(가명, 3장)의 이야기를 제일 먼저 들을 수 있었다. 찬미의 한식당에서 웨이트리스 일을 하고 있는 지원(가명, 4장)의 경우, 주인인 찬미의 소개로 1차 현지조사 때부터 구술생애사 인터뷰를 했다. 찬미와 지원은 둘 다 〈아리조나 한인문인협회〉의 회원이다. 지원의 생애이야기 일부는, 구술자는 무엇을 말하고 싶어 했고 구술채록자는 어떤 것을 귀담아 들었는지를 비교한 논문(유철인 2019)으로 발표가 됐다. 미국인 남편과 살고 있는 수지(가명, 2장)의 경우, 2차 현지조사 때 〈애리조나 한인미술협회〉 전시회에서 그녀를 만난 후 생애이야기를 들었다. 3차 현지조사에서는 애리조나 한인미술협회 회원인 영희(가명, 5장)의 생애이야기를 들을 수 있었는데, 그녀는 방문비자로 미국에 와서 한동안 불법체류자로 살았다.

한국어로 진행된 구술생애사 인터뷰는 수지와 영희의 경우 한차례로 끝났고, 찬미와의 인터뷰는 두 차례, 지원과의 인터뷰는 세 차례 진행됐다. 2장부터 5장까지 제시한 재미한인여성 네 명의 생애텍스트는 미국에 이민 온 순서, 즉 미국 거주가 오래된 순서로 소개했다. 각각의 생애텍스트는 구술자가 1차 인터뷰 때 처음으로 이야기한 내용으로 시작했다. 생애이야기를 하면서 구술자가 처음으로 말하는 몇 마디는 자신의 삶 전체를 스스로 어떻게 해석하고 있는가를 보여주는 매우 중요한 대목이기 때문이다(유철인 1998, 2004 참조).

이 책에 실린 재미한인여성의 생애텍스트는 구술자의 이야기를 해석의 틀에 따라 주제별로 편집한 것이다. 구술채록자는 구술된 이야기를 듣는 청자이면서 편집된 생애텍스트의 화자이기(김성례 2002: 57) 때문에, 구술된 이야기를 텍스트로 만든 것은 생애이야기를 1차적으로 해석한 것에 해당한다(유철인 2011, 2016 참조). 모든 생애텍스트는 단순히 과거를 이야기한 것이 아니라, 기억을 통해 이야기하는 현재의 시점에서 지나온 과거를 해석하고 정당화한 것이다. 구술자가 무엇을 기억하여 이야기하는가를 읽는 것은 생애텍스트 연구의 기본 출발점이다. 고국을 떠나 다른 나라로 이주한 재미한인여성의 생애텍스트에는 이주에 대한 기억과 고국에서의 기억이 드러난다. 또한 재미한인여성의 생애텍스트는 이민자인 구술자의 구체적인 행위에 나타난 초국가적 삶을 보여준다.

구술생애사 인터뷰는 특정 주제에 대한 인터뷰가 아니고, 구술자가 생애텍스트의 주체이고 해석자이기(유철인 2008: 446; Freeman 1989: 431) 때문에 생애텍스트 연구는 구술자의 자기서사의 구조와 전략을 분석하게 된다(윤택림 2011: 110). 자기서사의 구조와 전략을 살펴보면, 구술자가 제시한 삶의 맥락(Personal Narratives Group 1989: 12)과 구술자의 서사적 주체성narrative subjectivity(Weedon 2004: 18; 유철인 2017 참조)이 드러난다. 이야기를 하면서 구술자는 자기의 삶을 스스로 이해하기 위해, 그리고 자기의 삶을 다른 사람에게 이해시키기 위해 나름대로 삶의 맥락을 찾는다. 구술자가 제시한 삶의 맥락을 중심으로 생애텍스트를 읽어 서사적 주체성을 드러내고 이야기의 주제를 찾는 것은 구술채록자의 2차적인 해석이라 하겠다(유철인 2008: 454).

서사적 주체성은 서사의 주체를 내세울 뿐만 아니라 의식적이거나 무의식적인 자아정체성, 감정, 바람 등을 모두 포함한다는 의미를 강조한 개념이다. 이 책에 실린 생애텍스트의 제목은 구술자의 서사적 주체성에 따라 정했다. 생애텍스트 주인공인 구술자의 주체적 자기인식은 화가라는 오랜 바람을 어느 정도 이룬 현재이거나(수지), 미국에 살면서 한식당 주인으로 계속 일했던 경력이거나(찬미), 한식당 웨이트리스 일을 하면서 온라인에 매달린다는 이혼 후의 삶이거나(지원), 불법체류라는 '삶의 전환점'(Mandelbaum 1973)에 해당하는 과거의 인생사건에서(영희) 드러난다.

2장
친정가족으로 힘들었던 화가

_수지

생애연보

1952년	1남 4녀 중 막내로 부산에서 출생
연도미상	큰언니가 미군과 결혼하여 미국에 감
1971년	큰언니 초청으로 미국 메릴랜드주로 이민 감
1973년경	오빠가 이민 옴
1974년경	혼자서 미주리주로 이주
연도미상	어머니가 이민 옴
연도미상	두 살 위 미국인 남성과 결혼
연도미상	큰애 출생
1977년경	둘째아들 출생
1978년경	어머니와 같이 살기 시작함
1999년	공장 일 그만 두고 본격적으로 그림 그리기 시작함
2009년경	남편이 은퇴함
2011년경	애리조나주로 이주
2014년경	같이 살던 어머니 사망
2018년 현재	애리조나 한인미술협회 회원으로 활동 중

수지가 구술생애사 인터뷰에서 정확하게 연도를 밝힌 경우는 태어난 해, 미국에 이민 온 연도, 공장 일을 그만 둔 해뿐이다. 나머지 연도는 생애텍스트를 바탕으로 '몇 년경'으로 추론한 연도이며, 연도를 추론하기 어려운 경우에는 생애연보에 시간적 순서에 따라 '연도미상'으로 적었다.

2018년 5월 3일 〈애리조나 한인미술협회〉 제11회 미술협회전 전시회에서 회원인 수지(가명)를 처음 만났다. 다음날 카카오톡kakao-talk으로 지금까지 살아온 이야기를 듣고 싶어 만나자는 제안을 하자, 그녀는 영어로 답을 보내왔다.

나는 정말로 내 생애이야기를 말하고 싶지 않아요. 내 생애이야기는 하얀 담장으로 둘러싸인 장미 정원이 아니에요. 모든 사람이 자신만의 생애이야기를 가지고 있다는 것은 알지만.

I really don't like to talking about my life story. It is not a white fence and rose garden. I know everybody had some kind own life story.

그러면서도 수지는 만날 날짜와 장소를 궁리하겠다는 말을 덧붙였다. 결국 섭씨 40도의 무더운 날인 5월 6일 오후 미술재료를 파는 가게에서 그녀를 만났다. 미술재료 가게를 오면 제일 편하고 늘 설렌다는 그녀와 인근 커피숍에서 1시간 15분 동안 한국어로 구술생애사 인터뷰를 진행했다. 3차 현지조사 기간(2018.11.10~14)에 2차 인터뷰를 요청했지만, 그녀는 2차 인터뷰를 거절했다.

1 미국 이민

내가 원래 부산에서 태어났어요, 부산 영도. 내가 아홉 살에, 아홉 살인가 열 살 때인가 그때 우리가 속초로 이사 갔어요. 삼촌이 속초에서 사업을, 배를 짓는 공사를 했죠. 오빠가 거기에서 일하니까, 어머니가 아들한테 간다고. 속초에서 살다가 여기(미국) 오기 전에 서울에 있다가 여기 온 거죠. 그런데 뭘 물어 볼 거예요?

"구술채록자: 물어보는 게 아니고, 살아오신 이야기 중에서 저한테 해줄 만한 이야기…. 예를 들면, 서울에 살다가 미국에 몇 년도에 오셨어요?"

제가 70년도에 왔거든요, 71년도인가? 제가 그때 열아홉 살 때예요. 내가 옛날이야기를 하게 되면 마음이 아파요, 그래서 말을 잘 안 해요. 열아홉 살 때 왔는데, [큰]언니가 초청을 해서 왔거든요. 저를 학교에 보내주겠다고 해서 왔는데, 오니까 그게 아니에요. 학교보다도, 벌써 한 달 있으니까 날 내보내려고 해요. 그런데 [내가] 영어도 못하고, 미국에 처음 와서 [무엇을] 모르니까 그냥 같이 있었죠.

[큰언니 집에 같이 살 때] [큰]언니 친구가 와서 보더니, 나가서 직장을 잡으래요. [내가 직장을 잡으면] 누가 데려다줘야 해요, 운전도 못하지, 영어도 못하지. 그 [큰]언니 친구가 말하길, '내가 도와줄 테니까' 직장을 잡으래요. 잡job 잡으려면 차가 있어야 되죠. 우리 [큰]언니는 나를 집에서 집안일만 하게끔. [큰]언니 친구가 나보고 영어도 못하니까 가서 뭐 물어보면 무조건 오케이OK 하래요. 그래서 직장을 잡는데, 가니까 물어보더라고요. 그래서 알아듣지도 못하는데 그냥 오케이, 오케이, 하고. 〈구술자 웃음〉 그래서 직장이 됐어

요. 형부가 나를 [직장에] 데려다 주고 일 나가고. 미국에 와서 6개월 있다가 내가 운전을 배웠는데…. 그 당시(형부가 한국에서 근무를 마치고 미국으로 올 때) 형부는 스테이션station(기지)이 메릴랜드 Maryland가 되어 가지고, [나도] 메릴랜드로 갔어요. 거기에서 차 운전면허증 따 가지고.

거기에서(메릴랜드에서) 1년 있다가 형부가 군대에서 리타이어retire(퇴직)해서 시민으로 나와 필라델피아에서 살았어요. 그런데 [큰] 언니가 너무 말이 많고 그래서 필라델피아에서 1년 있다가, 2년 있었나? 2년 있다가 제가 미주리Missouri의 한국사람들한테, [큰]언니 친구들한테 거기 직장이 있냐고 하니까, 오면 직장 잡을 수 있다고. 그 당시만 해도 내가 영어를 잘 못했어요, 집에서는 자꾸 한국말 하니까. 〈닷선〉Datsun이라는 조그만 새 차를 2천불 주고 사서, 그 차를 타고 미주리로. 거기에서(필라델피아에서) [미주리까지] 보통 이틀 걸리는데, 나이도 어리니까 〈구술자 웃음〉 내가 3일 걸려 운전을 하고 갔어요.

내가 형제간에 말을 안 했어요. 내가 제일 먼저 오고, 우리 오빠가 오고, 어머니가 나중에 왔는데, [큰]언니가 초청을 해 가지고 왔는데. 〈구술자 잠시 침묵〉 제가 식구들을 안 보려고 그랬어요. 그랬는데 [미국인] 남편 만나 가지고 결혼식 할 때 어머니랑 [큰]언니랑 왔거든요. 내가 첫아이를 낳았을 때, [큰]언니가 어머니를 나한테 보냈어요. 나는 [어머니가] 오는 줄도 모르고…. 우리는 캔자스Kansas에 살고 있었고, 자기네들은 다른 데서 살고 있었는데….

"구술채록자: 미주리 가기 전까지 계속 언니 집에 있었어요? 아니면 따로 나와서 살았어요?"

[큰]언니 집에 있을 때는 필라델피아. 자기 친정(시댁) 집이 필라델피아에 있으니까 [큰언니] 남편이 그때 아버지 회사에 다닐 때. 그러다가 [형부는 직장이] 마음에 안 들어서 도로 군인으로 들어갔어요.

[저는] 필라델피아 [큰언니 집]에 있다 나와 가지고…. 11월 달인가 쌩스기빙 데이thanksgiving day 될 적에 [큰]언니가 나보고 나가라고 그러더라고요. 그리고 자기하고 남편하고 나가버렸어요, 바깥으로. 그러니까 나보고 자기가 집에 들어오기 전에 나가라는 소리거든요. 그래서 제가 갈 데도 없는데 그냥 나갔어요. 나가서 차를 타고 왔다갔다하다가 차 안에서 잤어요. 그러니까 내가 홈리스homeless가 된 거야. 차에서 살다가 월남 여자를 어디서 만났어요. 그래서 사정이 이러니까 내가 아파트 얻을 때까지 좀 살게 해주면 안되겠냐고 하니까 그렇게 하래요.

그래서 그 여자 집에 있는데…. 내가 정부 아파트를 얻으려고, 정부 아파트라 싼 건 줄 알았는데, 알고 보니까 내가 월급 받는 데서 [정부 아파트를] 비싸게 주는 거야, 보통 아파트보다 [월세를] 많이 받는대요. 그래서 내가 그 여자 집에 [계속] 있는데, 우리 [큰]언니가 이 여자한테 전화를 해 가지고 자꾸 뭐라 그래 가지고 내 귀에 들어와요. 그래서 내가 여기 [큰언니] 가까이 있을 필요가 없겠다고 [생각했어요].

그 당시, 내가 [미국에 온 지] 삼년 됐나, 우리 오빠를 초청을 해서 들어왔는데…. 데리고 오면 [큰]언니가 [오빠] 직장도 구하는 걸 도와줘야 되는데, 데려와서는 무조건 내보내는 거예요. 그러니까 오빠도 거기서 고통을 좀 받았나 봐요.

내가 [임금으로] 한 시간에 얼마 받지 않지만, 삼불, 오불 받는 거에서 돈을 좀 모았어요. 그거를 알고 자기가(큰언니가) 일하고 하니까, 집을 사겠대요. [큰언니] 집을 사는데 좀 도와달라고 그래서 내가 그렇게 하라고 했어요. 집을 샀는데 알고 보니까…. 〈커피숍 주인이 와서 인터뷰가 잠시 중단됨〉 그래서 내가 필라델피아를 떠났어요. [큰]언니가 다니면서 [나에 대해] 여러 가지 이상한, 안 좋은 말을 해서.

"구술채록자: 집을 산다고 했는데, 어떻게 됐어요?"

집을 산다고 페이퍼웍paperwork(서류 작업)을 다 했어요. 자기(큰언니)가 돈을 좀 대는데, 내가 저금한 통장을 달래요. 그래서 줬어요. 그랬더니 그 돈을 다 써버린 거야. 오빠도 그렇고, 그러니까 내가 이용을 당하는 거야, [큰]언니한테. 그래서 내가 도저히 거기에서 살지 못하겠다고 생각한 거야, 그래서 멀리, 아주 멀리 떠난다. 그때 내가 스물한 살, 스물두 살인가.

그래서 [미주리로] 오면서 내가 혼자 생각하기를 형제간이든 부모든… [없다]. 우리 아버지는 내가 낳기 전엔가 막 낳고 바로인가 돌아가셨어요, [아버지를] 보질 못했거든요. 그러니까 나는 혼자다, 그렇게 마음을 먹고 [미주리로] 왔어요. 그러고 나서는 [큰언니] 전화도 안 받고…. 당분간 [큰언니 친구인] 우리 남편 형수 집에 있는데, 우리 [큰]언니가 친구니까 매일 전화로 무슨 말을 한다고. 그래서 이제 여기도 못 있겠구나. [그 집에 내] 방도 없는 데도 내가 방세를 줬거든요. 그래서 할 수 없이 아파트를 얻어서 나갔어요.

"구술채록자: 큰언니는 어떻게 미국에 오게 됐어요?"

어떻게 이 사람(형부) 만나가지고 오게 됐어요.

"구술채록자: 형부가 군인일 때 만났나요? 부산에서?"

네, 군인일 때 부산에서. 바로 위의 [작은]언니가 영성국민학교 갔거든요, 영도니까 영성국민학교. 그때 피난민 오고 하니까 미국 군인들이 학교에 있었거든요. 학교를 몇 달 못 가더라고.

삼년 전인가, 사년 전인가 한국에 가서 [부산에서 살았던 곳을] 다시 가봤는데 못 찾겠던데요, 너무 바뀌어서. 어릴 때는 영도다리 지나서 무슨 공원이 있었어요, 집도 별로 없었으니까. 혼자서 거기에 가서 놀다가 걸어서 집에 오고 그랬어요. 그 공원이 무슨 공원인지 이름을 모르겠어, 영도다리 딱 지나 가지고 [있는데]. 다리가 많아요, 이제는. 다리가 많아졌다고 그러더라고, [내가] 어느 게 영도다리냐 그랬죠.

"구술채록자: 한국에 가도 아무도 없겠네요?"

친척들이 있어도 어머니가 [나를] 안 데려가서 잘 몰라요. 그래도 부산 쪽으로 가면 있어요. 우리 성이 ○가에요, ○씨. 누가 찾아 가보지 그러냐고 그랬는데, 내[가] 자라면서 보지도 못한 사람을 어떻게 찾아가노.

"구술채록자: 몇 년도에 태어나신 거예요?"

52년도.

인터뷰를 시작하기 전 제주도에 대한 이야기를 나눌 때 수지는 미국에 있는 한인여행사의 패키지로 제주도와 서울을 다녀온 이야기를 했다. 그녀는 한국에 간 김에 애리조나 한인미술협회 회원이 살고 있는 부산까지 갔다. 부산에 살고 있는 회원은 남편이 애리조나주에서 목회를 하다 고향인 부산으로 가게 되자, 자녀 2명(고등학생과 직장인)이 있는 애리조나주와 부산을 왔다갔다하는 생활을 하고 있었다. 부산에 간 이야기 끝에 수지는 자기가 부산에서 태어났다는 말로 생애이야기를 시작했다.

수지는 큰언니의 초청으로 "열아홉 살" 때인 1971년에 미국에 왔다. 수지는 1970년이나 1971년에 미국에 왔다고 이야기했는데, 형제 중 셋째인 둘째언니가 1970년 12월에 일어난 부산-제주 간 정기여객선인 남영호 침몰 때 죽었다고 나중에 이야기한 것을 보면(이 장의 〈2. 친정가족〉 31-32쪽 참조), 1971년에 미국에 온 것이 확실하다. 미군인 형부가 한국의 미군 기지에서 근무할 때 수지를 초청했다는데,[7] 형부가 한국에서 메릴랜드주의 군 기지로 전근을 갔기에 수지가 처음 미국에 도착한 곳은 메릴랜드주이다.

큰언니는 주한미군과 결혼하여 미국에 왔다. 미국 내 군 기지가 있는 도시마다 미군과 결혼한 한인여성이 많이 있다. 수지가 미주리주로 이주할 때 도와준 미주리주의 큰언니 친구 역시 미군과 결혼한 한인여

---

7) 커피숍에서 구술생애사 인터뷰를 마치고 수지가 구술채록자를 데려다주는 자동차 안에서 큰언니가 언제 미국에 왔는지 묻자, "큰언니가 미국에 와서 한 5년 있다가 나를 초청했어요. [형부의] 스테이션station이 한국으로 되어 한국에 있을 때 초청한 거예요."라고 답했다.

성으로 수지가 메릴랜드주에서 처음으로 직장을 잡을 때 도와준 사람이다. 이주자가 자기와 같은 국가 출신의 다른 이주자와 연결 관계를 만드는 것은 이주한 지역의 사회적 장에서 이주자가 행동할 수 있는 능력을 다시 얻는데 매우 중요한 전략이다(Lenz and Schwenken 2002).

수지는 필라델피아에서 큰언니 집을 나와 "월남 여자"를 만나 그 집에 들어가서 살게 되었다고 말했는데, 베트남 여자는 수지와 어떻게 아는 사이일까. 큰언니는 수지가 얹혀살고 있는 베트남 여자 집으로 전화를 걸었다는데, 큰언니와 베트남 여자는 또 어떻게 아는 사이일까. 베트남 여자 역시 미군과 결혼한 여자일까, 아니면 수지나 큰언니의 직장동료일까. 베트남 여자가 미군과 결혼한 여자이든 직장동료이든 수지는 미국에 와서 맺게 된 비공식적 연결 관계를 십분 활용하여 큰언니 집을 나온 이후 주거문제를 해결할 수 있었다.

비록 큰언니 집을 나온 이야기 다음에 큰언니가 집을 살 때의 이야기를 했지만, 집을 사면서 수지의 통장에 있는 돈을 다 썼다는 것으로 보아 수지가 큰언니 집을 나온 때는 집을 산 이후이다. 그런데 큰언니는 왜 수지보고 나가라고 했을까. 이에 대해 수지는 자세하게 이야기하지 않았다. 그녀는 큰언니 집을 나온 이후에도 큰언니 가까이에서 살다가는 계속해서 큰언니가 자기를 해코지할까 봐 필라델피아를 떠나 미주리주로 갔다는 것만을 강조했다. 수지는 혼자 미주리주로 이주했다는 이야기에 이어 친정가족과의 관계를 계속해서 이야기했다.

2 친정가족

내가 결혼을 한다니까 우리 큰언니가 어머니하고 작은언니를 데리고 왔어요. [미국에 올 때] 어머니가 집을 팔고 땅을 팔고 해 가지고, 속초였으니까 마른 오징어하고, 짐을 사고 이불 사고, 그걸 팔아 가지고 이제 [미국에서] 돈을 만들려고. 우리 큰언니가 그걸 팔아서 [어머니에게 돈을] 해주는 게 아니고, 자기 친정집(시댁) 식구 주고 자기 친구 주고 해가지고 다 없애버렸어요. 그러니까 우리 어머니한테는 돈이 하나도 없는 거야.

제가 집이 듀플렉스duplex(복층 아파트)라서 세를 하나 놓고 있는데, [큰언니는 제 결혼식 때] 거기(제 집에) 안 있고 자기 친구(수지의 손윗동서) 집에 갔습니다. 나중에는 또 말이 들어오는 거예요. 결혼하는데 [큰언니를 비롯한 가족이] 저한테 결혼식 비용 일절 한 푼도 준 적 없어요. 그냥 내가 번 돈으로 내가 하고 그랬는데.

그러고 나서(결혼식 끝나고 나서) 자기(큰언니)가 우리 어머니를 데리고 갔어요. [어머니는] 데리고 갔는데 우리 작은언니는 나한테 맡겨놓고 가. 나는 [작은언니를] 데리고 다니면서 직장 [알아]봐 준다고, 그러니까 직장을 하나 잡았는데, 한 달도 못했어. 우리 [작은]언니가 양자를 들였는데, 자기 딸이니까 보고 싶다고 가야 되겠대. 그래서 보냈어요.

내가 [첫]애를 낳으니까 [큰]언니가 어머니를 보냈는데, 나한테 보낸다는 소리도 안 하고 보냈어요. 남편이 놀래 가지고…. 우리 어머니[에 대해서는]… 진짜 말을 하고 싶은 마음이 없어요. 고통을 많이 받았어요, [미국] 와 가지고 식구들 때문에.

제가 자랄 적에도, 제 자신이 자랄 적에도, 어린 시절도 [어머니와] 같이 보내는 시간도 없고, 사춘기에도 그런 거 없고. 어머니는 자기 아들 하나, 오빠 하나만 잘 대해주고. 우리는(나머지 형제들은) 어떻게 되든지 생각을 안 해요. 그리고 제가 제일 막내거든요.

"구술채록자: 형제가 몇 남 몇 녀인데요?"

식구(형제)는 다섯인데, 오빠 하나 있고, 나머지는 딸이에요, 내가 막내이고.

"구술채록자: 형제가 다섯인데, 제일 위가 오빠에요?"

네. 필라델피아에 사는 사람은 둘째인 큰언니, 셋째인 언니는 돌아가시고, 그리고 넷째인 작은언니는 엘에이LA.

"구술채록자: 셋째인 언니는 한국에 계시다가 돌아가셨어요?"

네. 우리가 속초 있을 때 채소를 재배했어요. 그때 우리 오빠는 제주도에서 배[를 짓는] 공사를 하니까, 우리 어머니가 배추로 김장한 걸 제주도의 오빠한테 보내는데, 우리 [셋째인] 언니를 보냈어요. 그때 69년도인가, 70년인가, 제주도에서 배가 크게 가라앉았는데, 제주도에서 집으로 오다가 한 시간 만에 배가 가라앉았어요.[8] 왜냐하면 그 당시에 물(바다)로 뭐가 많이 오가니까, 사람들이 물건을 많이

---

8) 우리나라 최대의 해난사고인 부산 - 제주 간 정기여객선인 남영호 침몰 사건은 1970년 12월에 일어났다. 제주도에서 출항하기 전 4일간 폭풍주의보가 내려 묶여있던 승객과 화물(주로 감귤)을 너무 많이 실어 남영호는 침몰했다. 당시 319명이 사망했고, 12명만 살아났다.

신고 그러다가…. 그 전날에 태풍이 불었는데 바다가 완전히 가라앉지 않고. 그때 한 세 사람밖에 못 살았어요. 그때 제주도 해녀 한사람, 자기 애기는 죽었어. 애기를 등에 업었는데, 애기는 물에 잠기고 여자는 살고. 산 사람이 두 명인가 세 명밖에. 시체도 못 찾았어요. 그 당시 [셋째인 언니는] 돌아가셨어요.

어머니는 나이가 들어 나한테 말하는 게, 어렸을 때 내가 아팠었나 봐요. 근데 죽으라고 방구석에 밀어놔 놓고 안 봤대요. 그랬는데 친척 사촌인가 누가 와서 나를 병원으로 데려갔대요. 그래 가지고 살았대요. 그걸 말을 안 했는데, 우리 어머니가 백한 살에 돌아가셨는데, 그 당시 구십 살 조금 넘어가지고 그런 이야기를 나한테 처음으로. [어렸을 때] 내가 어디 가면, [어머니는 내가] 가든지 오든지 생각도 안 하고(신경도 안 쓰고).

나 혼자 생각하기를, 어머니가 아들이라고 키우는데 부산에 살적에, 내가 서너 살일 때. 어머니가 과자니 과일이니 이런 걸 감춰놓고, 우리가 잠을 자면 오빠한테 그걸 줘요, 먹으라고. 사람이 참이상해요, 깊이 자다가도 그러면 잠이 깨요. 〈구술자와 구술채록자 웃음〉 우리 언니들은 이렇게 보고 도로 누워 그냥 자는데, 나는 어리니까 쳐다보고 있으면, 오빠가 '이거 줄까?' 해요. 내가 입을 벌리면, 다시 자기 입으로 들어가요. 엄마가 자기 먹으라고 준 거니까 내가 다 먹어야 된다고. [오빠가] 그걸 나눠먹는 걸 안 해요, 다 먹어 버려요.

"구술채록자: 그때 오빠 나이가 스무 살쯤?"

스물… 서른 살쯤. [오빠가] 일 갔다 오면 어머니가 감춰놓고 주더라고요. 그러니까 정이 안 가요, 어머니한테 정이 안 가요.

내가 [첫]애를 낳으니까 우리 애를 핑계 대고 큰언니가 나한테 어머니를 보냈거든요. 바로 위의 언니도 어머니 오시고 난 후에 조금 있다가, 몇 달 있다가 [나한테] 또 보내버렸어요. 어머니가 [미국] 간다고 자기 집 팔고, 땅 팔고, 그거를 짐으로 사 가지고 보냈나 봐요. [큰]언니가 그걸 남을 주고, 다 팔아 가지고 시댁 식구에게 돈을 주고 없애 버리니까 [어머니가] 돈이 어디 있어요?

어머니는 우리 작은아들이 태어났을 때도 왔으니까… 지금 [작은아들이] 마흔한 살이거든요. 제가 [작은아들이] 서른일곱 살이 될 때까지 [어머니를] 데리고 있었거든요, 돌아가실 때까지. 우리 [미국인] 남편이 사람이 아주 좋아요. 우리 어머니 성질에 한국사람한테 못 맡겨요. 음식도, 먹는 것도, 한 숟갈 두 숟갈이면 그것으로 끝. 그 다음에 남은 음식을 안 먹어요. 그래서 남편이 그로서리grocery (식료품) 가게를 하루에 두 번씩 가기도 했어요. [어머니가] 안 먹으니까.

어머니가 육십다섯인가 육십여섯인가 그때 [우리집에] 왔어요. 다른 할머니들 일하는 걸 보고, [내가] 직장 잡겠냐고 하니까 [어머니가] 안 한대요. 오빠나 언니들이나 [어머니를] 안 보려고 그래요. [어머니는] 노인네 아파트 살다가 우리 집으로 왔어요. 아침에 눈만 뜨면 돈을 현찰로 가지고 있으니까 현찰을 세요. 그러다가 [돈을] 감춰놓은 것도 잊어먹고 우리 남편이 훔쳐갔다고 하고, 그러면 내가 돈을 찾아가지고 도로 주고 그러는데. 우리 생활하는데 일절 안 도와줬어요. 그런데도 조카가 자기 아버지 아프다 하면 아들[한테] 돈을 보내줄라고 해요.

"구술채록자: 오빠한테요?"

네. 약을 사먹어야 된다, 뭐해야 된다면서 돈을 보내려고 해요. 그러니까 우리 남편이 화가 나지요.

그러다가 돌아가시니까 제가 너무 허전해요, 사람이 사는 게. [어머니는] 아침에 눈만 뜨면 돈을 세고 하는데…. 돌아가시니까 식구들 아무도 안 왔죠. 한인목사님이 오셨고, 그리고 나하고 남편하고 아들뿐이에요, [친정]식구들은 다 안 오니까.

우리 어머니는 그렇게 왔다갔다하면서 제가 36년 동안 데리고 있었는데, 하도 심하게 대하시니까, 돌아가시니까 그래요. [어머니한테] 정이 하나도 없어가지고 다른 어머니가 돌아가신 기분. 어떤 때는 자기가(어머니가) 그래요, 자기 아들 보러 가본다고, 자기 딸 보러 가본다고. 그래서 비행기표를 끊어 가지고, 제가 [오빠나 언니에게] 말을 하기가 싫으니까 저희 남편이 전화를 걸어 가지고, '어머니가 내일 간다 하니까 비행장에 오라.'고. 그런데 비행장에 와도 [어머니를] 데리러 나가지 않는대요. 그러니까 [자기] 집에 보내지 말라는 거지. 그리고 우리 오빠는 자기 엄마가 오면 자기는 딴 데로 간다고. 그래 가지고 자기네들이 필라델피아에 살다가, 자기 큰아들이 조지아에 살거든요. 그래서 그리로 이사를 갔어요, 오빠하고 부인하고.

할머니(어머니)가 손자한테 간대요. 그래서 제가 보냈어요. 내가 보내면서 아들(오빠)한테 말하고 싶은 얘기 있으면 다 하고 오라고. 그래서 손자며느리가 자기 시어머니 시아버지한테 어머니(할머니)가 왔다고 오라고 하니까 며느리(시어머니)는 안 본대요. 우리 오빠는 '내가 가서 하루 보겠다.'고 했는데 보지도 안 하고. 그래서 [어머니는 오빠도] 못 보고, 한두 주일 있다가 그냥 왔어요. 내 생각에는 자기가(어머니가) 아들 있는 데 거기서 살아야 되는데 제 밑에 있으니까… 나보고 '너는 딸도 아니다, 시집갔으니까 내 딸이 아니다, 내가 여기 얹혀사는 게 뭐 그렇다.'면서 그렇게 마음 아픈 말을 잘해요. 오빠의 아들은 손자 같지 않게 해요. 손자가 뭐 들어왔다 하면 부리나케 [할머니한테] 돈을 보내요, 거기 조카는 돈을 잘 버니까.

───────

　수지가 결혼할 때 큰언니는 수지의 손윗동서가 되는 큰언니 친구 집에 머물렀다. 그때에도 큰언니가 친구에게 무슨 말을 한 모양이다. 수지는 결혼식 비용을 자기가 번 돈으로만 썼다는 이야기를 바로 이어서 한 것을 보면, 큰언니가 친구에게 자기가 결혼식 비용의 상당 부분을 댔다고 거짓말을 한 것으로 보인다.
　어머니에 대한 이야기는 수지가 미국사람과 결혼할 때 처음 등장한 후, 첫애를 낳았을 때 방문한 이야기로 계속된다. 수지의 첫애는 아들인지 딸인지 밝히지 않았는데, "작은아들"이라는 말로 보아 첫애가 큰아들인 듯싶다. 또한 첫애를 언제 낳았는지, 어머니는 언제 미국에 이민을 왔는지 이야기하지 않았다.
　수지가 결혼할 때 큰언니, 어머니, 작은언니가 왔다는 말을 하면서 미국에 온 어머니가 돈이 없다는 말을 했다. 미국에 온 뒤 어머니에게 돈이 없다는 말은 수지가 첫애를 낳자 큰언니가 어머니를 보냈다는 말에 이어 바로 또 나왔다. 수지는 미국에 온 어머니가 돈이 없다는 말을 왜 두 차례씩이나 했을까. 수지는 어머니가 수중에 돈 한 푼도 없기에 큰언니가 어머니를 자기에게 보낸 것이라고 간접적으로 이야기하고 싶었던 것이다. 수지가 친정가족과 복잡하게 얽힌 사연의 출발점은 친정가족을 모두 미국으로 초청한 후 큰언니가 보인 행동과 태도라 하겠다.

어머니는 자녀 중에 유일한 아들인 수지의 오빠한테만 신경을 썼다. 그러나 어머니를 아들이 모시지 않고, 시집을 갔으니까 "딸도 아니다."라고까지 했던 수지가 모셨다. 더군다나 아들은 손자 집에 간 어머니를 만나지도 않았고, 어머니가 수지네 집에서 돌아가셨을 때도 오지 않았다. 수지의 언니들도 어머니의 장례식에 오지 않았다.

수지는 어머니에 대해 말을 하고 싶은 마음이 없다고 했지만, 그녀가 미국에 와서 오랫동안 어머니를 모시게 된 상황은 한국에서 어릴 적 어머니와의 관계를 회고하게 만들었다. 어렸을 때부터 어머니에게 정이 가지 않을 정도로 어머니에게 수지는 죽든지 말든지 상관없는 막내딸이었다. 따라서 그녀는 오랫동안 자기 집에서 모신 어머니에 대해 복잡한 감정을 드러냈다. "아침에 눈만 뜨면 돈을" 세는 어머니가 돌아가시니까 너무 허전하다고 말을 하면서도 어머니에 대한 정이 없기에 "다른 어머니가 돌아가신 기분"이 들었다고도 이야기했다.

수지는 남편에 관한 이야기를 친정가족과 관련해서 짧게 언급했다. 그녀가 첫애를 낳았을 때 큰언니가 어머니를 보내면서 보내겠다는 말도 하지 않아 남편이 놀랐다고 한다. 어머니의 식성이 까다로워 "한국사람한테" 맡기지 못하는데 착한 남편 덕분에 어머니를 모시고 살 수 있었지만, 같이 살면서 생활비를 전혀 보태지 않은 어머니가 아들한테 돈을 보낸다고 하면 남편은 화가 났다고 한다. 이 대목에서 수지는 남편이 한인이 아니라는 것을 처음으로 간접적이나마 언급했다. 구술채록자는 수지를 처음 만났을 때 받은 명함에 미국식으로 남편의 성姓을 따른 그녀의 성을 보고 그녀가 미국인과 결혼했다는 것을 알았다.

작은언니는 수지가 결혼할 때 어머니하고 큰언니와 함께 왔다는 이야기에 처음 등장한다. 작은언니는 수지네 집에 머물면서 직장까지 잡았지만 한 달 만에 양녀로 들인 딸이 보고 싶다고 다시 큰언니네 집으로 갔다. 그 후 수지가 첫애를 낳자 어머니와 작은언니가 다시 수지네 집에 온다.

내가 첫애를 낳고 나니까 [큰언니가] 우리 엄마를 보낸 거야. 그러니까 우리 작은언니가 또 온대요, 여기 와서 직장을 잡겠다고. 그래서 내가 하는 말이, 여기도 확실히 직장이 많이 있는 것도 아니고, 거기서 직장이 있으면 그냥 있으라고 그랬더니, 벌써 일도 그만 두고, 나한테 말도 없이 그만뒀다고 하더라고. 그래서 난 책임 못 지니까 마음대로 하라고 그래버렸어요. 그래서 내가 우리 작은언니를 집에 또 데리고 있었어요. 미주리에 있다가 캔자스에 우리가 사는데, 우리 어머니, 자기[작은언니] 딸, 작은언니하고 셋이서 우리집에 있는 거야. 몇 년을 [같이] 있는데 [내가] 말을 못해요.

우리 [작은]언니는 한국에서 새로 온 목사님 일을 봐주는데, [나중에는] 목사님이 우리 [작은]언니를 내보냈나봐. [작은언니는] 직장을 다니다가 그만 두고 목사님 데리고 심방 다니고 교회에서 뭘 하고 하는데…. 그래서 [내가 작은언니한테 말하기를] 딸도 있는데 교회만 다니면 어떻게 되느냐, 돈을 벌어야 살지 않겠냐고, 아파트도 얻어서 나가야 되고. 그런데 목사님이 그랬나봐, 직장 없어도 교회에서 이거 하면 하나님이 다 알아서 해주신다고. 그래서 [작은언니가] 나보고, '너는 아무것도 모른다.'고. 어머니는 에스에스SS(social security, 사회보장연금) 받아서 나갔어요, 아파트 얻어 가지고. 그러다가 교회가 완성이 되니까 목사님이 이제 우리 [작은]언니가 필요 없잖아요. 그러니까 따돌린 거야.

그러니까 자기가(작은언니는) 친구가 있는 엘에이LA로 간 거예요. 가고 나더니 전화도 없고, 말도 없고. 그런데 어머니가 [작은언니가] 혼자 산다고 그리로 갔어요.

"구술채록자: 엘에이로?"

예. [작은언니가] 나보고 상담하는 말 한마디 없고 그러니까 [어머니를 엘에이로] 보냈거든요. 다 어른들인데 자기 알아서 하겠다고 해서, 있어라 뭐라 말을… [할 수가 없어요]. 그렇지 않아도 가기 전에 [어머니보고] 여기 있으라고 했는데, '가 봐야 뭐 할 거냐, 여기 있지.' 하니까, [작은언니가] 혼자 사니까 가겠대요. '그럼 가라고.' 그(작은언니) 딸도 같이 갔는데….

우리 작은언니가 차를 살 때 우리가 차 사라고 돈을 줬더니 차 값을 안 내고 그 돈을 숨겼나 봐. 그래서 순경이 왔어요. 그 얘기를 하니까 나보고 자기 안 도와줘도 된다고 [그] 돈을 주겠대, 줄 수 있다고. 그래서 캘리포니아 여행을 가면서 [작은언니한테] 들렸어요. 그러니까 우리 언니가 자기 딸이 여기에(캔자스에) 있어야 공부도 하고, 거기(엘에이) 있으면 애한테도 안 좋다고 데리고 가래요. 데리고 왔어요, 그래서.

[언니 딸이] 중학교 갈 때, 내가 데리고 있으면서 고등학교 갈 때, 내가 하는 말이, 네가 여기 있으면 너를 대학교 보내 준다고 여기

있겠냐고 했더니 자기 엄마한테 간대. 그래서 보냈어요, 엄마한테. 그 애도 가고 난 뒤에는 소식이 없는 거야.

"구술채록자: 그 조카는 몇 년간 데리고 있었어요?"

그 조카는 데리고 있은 지 한 십 년 넘었어요. 그리고 대학에 갈 거라고 그러면서 [조카한테] 갑자기 전화가 와 가지고 온대요. 와 가지고 케이유KU(University of Kansas), 캔자스대학교 갈까 생각하는 중이라고. 근데 가만히 보니까 애가 스무 살이 넘었는데 대출이 안 돼. 우리 아들보다 행동하는 게 좀 어리게 행동해. 그래서 내가 그럼 케이유KU 더 알아볼 거냐 했더니 생각 중이래요.

그래서 나도 일하는 게 있고 그런데 네가 어떻게 여기 있겠느냐 하고 한 달 있다가 [조카딸을] 보냈어요. 그리고 내 전화번호도 안 바꾸고, 내 집주소도 안 바꾸고 그랬는데 전화도 없고, 아무것도 없고, 그래서 나도 부아가 나서 [조카딸에 대한 염려를] 그만 뒀어요.

미군과 국제결혼한 큰언니가 초청하여 수지, 오빠, 어머니 순으로 미국에 이민 왔다고 이야기했는데(이 장의 〈1. 미국 이민〉 24쪽 참조), 작은언니는 언제 미국에 왔을까. 작은언니가 미국에 온 때보다 작은언니와 조카딸을 데리고 살았던 경험이 수지에게 더 중요한 기억으로 남아 있다. 수지가 첫애를 낳았을 때, 어머니와 작은언니 그리고 조카딸이 수지네 집에 와서 몇 년간 같이 살았다. 그 후 작은언니가

로스앤젤레스에서 혼자 산다고 어머니와 조카딸이 나중에 뒤쫓아간 것을 보면, 작은언니가 결혼을 했는지 안 했는지 알 수 없으나 혼자라는 것은 분명하다. 작은언니는 로스앤젤레스에 살면서 딸을 다시 수지에게 보내, 수지는 조카딸을 10년 넘게 데리고 있었다. 수지는 어머니를 36년 동안 모신 것뿐만 아니라 작은언니와 작은언니의 딸까지 꽤 오랫동안 데리고 살았다. 큰언니가 초청하여 모든 가족이 미국에 이민을 왔는데, 미국에서는 수지가 여러 명의 친정가족을 돌본 것이다.

3 미국인 남편

미국에 와 가지고는 [필라델피아에서] 혼자서 아파트[에] 살다가, 학교는 뭐, 살 생각을 먼저 해야지, 학교 갈 시간도 없고. 미주리에 오니까, 사람들이 커뮤니티 칼리지community college 가면 공짜로 영어를 배울 수 있다고 해요. 거기를 기를 쓰고 가요. 공짜라니까 거기 가서 배우고. 친구 사귀는 것도 없고, 일 갔다가 집에 오면 시간 맞춰서 한 주일에 두 번씩 학교를 가요. 그러다가 남편을 만났죠.

우리 남편도 돈 있는 사람도 아니고, 혼자[만] 일을 하는 사람도 아니고, 둘이 일해야 돼요. 처음부터 이야기하려면… 〈구술자 헛웃음〉 중간 중간… [이야기해요]. 사람 생활이, 내 생각에도, 태어나기 전에 생활이 어떻게 된다는 걸 모르죠. 결혼하기 전에 혼자 살면서 한국교회에도 갔어요. 갔는데 좀 차별이 있고 마음이 안 좋더라고요. 그래서 안 갔어요. 그러니까 내가 사람을 잘 안 사귀어요. 이제는 조금씩 사람들하고 만나고 이야기도 하는데….

"구술채록자: 남편 분은 어떻게 만나셨어요?"

큰언니의 친구가 한국사람인데, 자기(남편) 형하고 결혼을 했어요. [큰언니 친구가] 나보고 [시동생을] 한번 만나보라고 하더라고요. 그 당시만 해도 나이도 어리고, 집안 식구들 때문에 사람들을 만나는 게 싫어요. 그랬더니 자기(남편이 된 사람) 일하는 데 크리스마스 파티에 나보고 가자고 하더라고요. 그래서 갔어요. 거기서 밥 먹고, 보니까 사람들이 댄싱dancing 하고. 난 댄싱dancing도 할 줄 모르니까 그냥 집에 데려 달라고 했어요. 〈구술자 웃음〉 데려다 달라니까 좀 그랬나 봐요, 나를 데려다주고 [남편이 된 사람이] 도로 거기로 갔어요.

그런데 [남편의] 형수가 [시동생에게 나를] 그렇게 내버려두면 어떡하냐고 해서 [내가] 다시 갔는데. [밤] 12시, 1시에 파티가 끝났는데, [남편이 된 사람이] 자기 차를 운전하고 간다고 그래요. 형수가 나보고 따라가래요. 그래서 내가 운전해서 따라갔는데. 자기 생각에 어떤 사람이 자꾸 따라오니까 겁이 나 가지고, 차를 떼어놓으려고 자기는 농촌 쪽으로 가더라고. 나중에는 자기 차 가스gas(휘발유)가 떨어졌어요. 그 당시까지만 해도 히치하이킹hitchhiking 하는 사람들을 태워주는 사람들이 있었어요, 지금은 못하게 하지만. 그래서 [히치하이킹을 하려고] 서 가지고 손을 드는 걸 태워가지고 집으로 데려다줬어요. 그래 가지고 만났어요. 〈구술자 웃음〉

"구술채록자: 파티는 어디에서?"

자기(남편이 된 사람이) 일하는 공장에서 호텔의 컨벤션 센터 같은 거 빌려요, 거기서 하는데. 그러면 음식 같은 거, 술 같은 거, 다 프로바이드provide(제공)하거든요. 그래 가지고 만났어요.

"구술채록자: 그때 남편은 그 공장에 있었고, 형도 같은 공장에 있었던 거예요?"

네, 저도 같은 공장에서 직장생활 했고. 거기서 남편이 리타이어 retire(퇴직)하고.

"구술채록자: 그러면 일은 언제까지 하셨어요?"

우리 남편이 그때(일을 그만 둘 때) 오십 아홉이니까 30년 [일하고], 나는 그 공장에서 15년, 거짐(거의) 한 20년 일하고. 내가 은퇴한 게 99년도, 나는 남편이 그만두라 그랬어.

"구술채록자: 결혼은 미주리에서 하셨잖아요? 그런데 애리조나는 언제 오신 거예요?"

애리조나는… 그러니까 우리 어머니가 여기 와서 돌아가셨어요. 그게(애리조나 온 게) 7년 전? 여기 우리 남편이, 신경통이 심해요. 딴 데는 다 괜찮은데, 온몸이 좀 신경통이 있어 가지고 걷지를 못 해요. 8년 전인가? 7년 전에 여기 왔어요.

"구술채록자: 신경통에 사막 기후가, 건조 기후가 좋다고 해서 오신 거예요?"

네, 여기가 공기가 건조하니까. 캔자스는 한국 쪽 같아요, 날씨가 너무 심하고, 어쩔 때는 하루에 사계절을 다 보거든요. 〈구술자 웃음〉 캔자스는 좋아요, 미국에 와서 제일 오래 산 곳이에요. 여기 오기 전까지 살았거든요. 우리가 산 게 미주리와 캔자스의 경계선. 우리 남편이 캔자스에서 일을 했거든요.

수지는 혼자 필라델피아를 떠나 미주리주로 가서 공장에서 일을 하다 같은 공장에서 일하는 미국인 남성을 만나 결혼을 했다. 큰언니의 친구가 시동생을 소개해준 것이다. 시동생을 소개해준 큰언니 친구는 수지가 메릴랜드주에 살 때 직장을 잡게 도와준 사람으로, 수지는 미주리주로 이주해서 처음에 큰언니 친구 집에서 살았다. 미군과 결혼한 한인여성인 큰언니 친구와 수지의 연결 관계는 결국 동서同壻 관계로 발전했다.

수지는 미국인 남편을 미주리주에서 만났다는 이야기를 하면서 "처음부터" 이야기하지 않겠다고 했다. 이때 '처음부터'는 무엇의 처음일까. 그녀는 미국인 남성과 결혼하게 된 과정의 처음을 이야기하고 싶지 않았던 것이다. 그녀는 중간 중간 건너뛰면서 이야기하겠다면서 "결혼하기 전" 한인교회에 가서 차별을 느꼈고, 그래서 "사람을 잘 안 사귀어요."라고 말했다. "이제는 조금씩 사람들하고 만나고 이야기도" 한다는 말을 들으면, 여기서 말하는 사람은 재미한인이다. 한인교회의 사람들은 20대 초반의 한인여성이 혼자 공장생활을 하는 것에 대해 어떻게 반응한 것일까.

미군과 결혼한 한인여성인 큰언니 친구와 같이 한인교회에 갔다면, 한인교회에서 받은 차별적 시선은 수지보다는 큰언니 친구를 겨냥한 것이다. 수지는 결혼하기 전에 한인교회에 나간 이야기만 했지만, 미국인 남성과 결혼한 뒤에도 얼마동안 한인교회를 나갔다가 재미한인 교인의 차별적인 시선을 느꼈을 지도 모른다. 한인여성이 미국인 남성과 결혼하는 형태는 여러 가지가 있으나, 재미한인사회에서도 한국사회와 마찬가지로 미국인 남성과 결혼한 한인여성은 미군과 결혼한 기지촌 여성일 것이라는 선입관 내지 편견이 있다(Yoo

1993; 유철인 1996 참조).

구술자인 수지가 머뭇거렸기 때문에 구술채록자는 한인교회에서의 차별에 대해서는 묻지 못하고 미국인 남편을 어떻게 만났는지만 물어보았다. 남편을 만날 "당시만 해도 나이도 어리고, 집안 식구들 때문에 사람들을 만나는 게 싫어요."라고 이야기했는데, 수지는 어떻게 두 살 위 미국인 남성과 결혼할 생각을 했을까. 그녀는 언제 결혼을 했는지조차 이야기하지 않았다.

4 화가

어릴 적에 제가 친구도 없으니까 혼자서 놀고. [그때 부산에] 피난민이 많이 왔잖아요? 언니들도 놀아주는 사람 없고, 엄마도 아침에 눈을 뜨고 보면 그것으로 끝이고. 그러니까 혼자서, 옛날에 돌팍(돌멩이)이라고 땅에다 그리는 하얀 거, 여기선(미국에서는) 초크 록chalk rock(분필)이라고 해요. 그걸로 땅에다 그림 그리고 이러다가, 그래서 내가 그림을 배운 거예요.

"구술채록자: 혼자 노느라고?"

예. 종이 있으면 거기다 뭘 그리고, 뭐 쓰고.

"구술채록자: 그림은 본격적으로 언제쯤부터 시작하셨어요, 어디서?"

그림은 내가 어릴 적 강원도에 가서 학교에 다니면서 학교 선생한테 배우고 그랬는데, 그 외에는 다 내가 혼자서 배웠어요. 책

보면서 혼자서 배우고 하다가, 캔자스에 있으면서 일하다가 이제 토요일 날에 [화실에] 가 가지고, 돈을 많이 주지는 않았어요, 비기닝beginning(초보단계)으로다가 스틸 라이프still life(정물화) 드로잉 drawing 같은 거 가서 그리고. [미국에 오면] 원칙은(원래는) [큰언니가] 학교를 보내준다고 그래 가지고, [미국에] 올 때는 그림 할 생각을 했는데…. 그러다가 그걸 못하니까 한동안 그만 둔다고 집에 있는 것(미술 도구들을) 다 없애 버렸어요. 눈에 안 보이면 안 한다고 쓰레기통에 내다 버리고 그랬는데…. 길을 가다 가게에 [미술 도구가] 보이니까 사람이 습성이 있어 가지고, 이것만 사서 이것만 해야지 하고 하나 산 게, 또 사고 또 하고 이러니까 또다시 하게 돼요.

미국에 처음 와 가지고, 메릴랜드에 있을 때 [어떤] 집이 100평이 넘는 집인데 그걸 뮤지엄museum으로 바꾼 거예요. 그래서 어느 날 야외 그림 그리는 걸 가르친다고 해서 나도 좀 배우려고 갔거든요. 그런데 대회가 있다고 해서 그려서 냈더니…. 그게 1등 한 사람 그림은 전시가 되고 [상금이] 100 얼만가 200 얼만가, 그게 그때는 큰 돈이 됐거든요. 그걸 주고 그림을 거기다 건대요. 그런데 내가 2등을 했어. 미국에 온 지 얼마 안 됐는데. 어느 대학교수가 그걸(내 그림을) 보더니 사겠대. 50불 준대요. 그래서 내가 처음 와서 이거 2등 했는데, 내가 그림 갖고 있겠다고 안 팔았어요. 내 생각에는 지금도 아마 집 안에 어디 있을 거 같애.

"구술채록자: 그때 50불이면 꽤 큰돈일 텐데…."

네, 70년도 50불이 지금 같으면 한 삼사백 [불] 돼지.

지금 보니까 그 그림은 괜찮아요. 여기 사람들은(애리조나 한인미술협회 회원들은) 미술대학도 나오고 그러니까, 나는 그림을 그려놓고 감춰 놨어, 그림이 안 좋은 거 같아서. 그래서 사람한테 [그림을] 잘 보여주질 않았거든요. 그러다가 누가 어떻게 보고 [내] 그림 아주 좋다 하면, 그때는 내가 마음이 좋아가지고 그냥 가져가라 그러고 줬어요.

그렇게 [미술공부를] 열심히 한 건 아니고. 공장에서, 크레디트 코스credit course(학점 과정)를 하면은 돈을 준대요. 그걸 내가 몰랐어. 크레디트 코스를 하지 왜 토요일 날 [화실] 가서 하느냐고 해서, 사인sign(서명)을 해서 코스를 다녔어요. 그러니까 제 그림을 보더니 시메스터semester(학기) 끝날 때 너는 큰 학교(미술대학)를 가야 한대요. 더 이상 여기서 배울 수가 없으니까 큰 학교를 가야 한다고.

그런데 나는 가족이 있지, 일을 해야 하지, 거기를(큰 학교를) 운전해 가려면 한 시간인데 갈 수가 없어 가지고 그때 못 갔어요. 그러더니 내 그림을 커뮤니티 칼리지에서 전시를 해줬어요. [크레디트 코스를] 1년을 다녔어, 그리고 더 이상 여기 배울 게 없으니까 [큰] 학교를 가라고 했는데…. 그것도 또 그레이드 포인트 애버리지grade point average(GPA, 평균평점)가 에이A를 넘으면 공장에서 돈을 주거든요, 그래서 거기 가라고. 그런데 거길 못 가고, 우리 남편이 돈이 없어서 안 된다고.

내가 은퇴하고 그때부터 그림을 그렸어. 그때 내가 애니멀animal(동물) 그리는 걸 좋아했어요. 사람 그리고 애니멀 그리는 걸 좋아했거든요. 그 사람이, 지인인데, 의산데 애니멀을 전문적으로 그리거든요, 그래서 좀 배우고. [선생이 나보고] 아트 쇼art show 하고 그림 대회 하는 데 [내 그림을] 보내래요. 자기 그림 보고 내 그림 보더니, 보내라고 하더라고요. 그래서 같이 보내서, 나는 2등 하고, 자기는

(선생은) 떨어지고. 선생보다 제가 못해야 하는데 잘못됐다고 나보고 그러더라고요. '웹사이트 보니까 2등 했어.' 그러더라고요. 내가 '미안해요.' 〈구술자 웃음〉

"구술채록자: 그때는 어디 사실 때예요?"

그때도 캔자스 살 때. 일 끝나고(은퇴하고) 그림은 그리는데, 내가 [그림을] 팔 줄을 몰라요. 여기 저기 [웹사이트] 들어가 보면 된다는데, 컴퓨터도 날리지knowledge(지식)가 있어야 하잖아요.

"구술채록자: 애리조나 한인미술협회는 어떻게 알게 됐어요?"

협회는 내가 처음에 [애리조나에] 와 가지고 코리안 아티스트 페스티벌Korean Artist Festival이라고 하길래 갔더니 ○○씨라고, 그분은 옛날 포크 아트folk art(민화)처럼 그리는데, 내가 한국사람이냐고 하니까 한국사람이래. 그래서 일단 전화번호 [교환]해 가지고. 그분은 여기 오래 살아서 커넥션connection(연줄)이 있어요. 하루는 [그분이] 전화를 해서 나보고 여기는 한국 아티스트artist 협회가 있다, 한번 만나겠냐고 그래 가지고 만나서.

"구술채록자: 그게 몇 년 전이에요?"

내가 여기 산 지 한 7년 됐나? 8년 됐나? 7년 됐나 봐요. 그런데 또 너무 말이 많아 가지고, 내가 또 중간에 그만 뒀어요, 정신이 없어 가지고. 그래서 내가 그만 뒀다가, 자꾸 나보고 나오라 해서 다시 또 [나오고].

내 그림을 가지고 있는 갤러리가 노스캐롤라이나 씨사이드 아트 가든Seaside Art Garden이라고 거기에서 가지고 있고, 스코츠데일Scottsdale의 갤러리 몇 군데. [스코츠데일의] 한 군데는 그림이 좋다고 가지고 있었는데, 그 그림은 다시 가져왔어요. 메뉴를 바꿨다고 해서, 화가들 그림을 파는 게 아니라 판매되었던 그림을 재판매하는 거로.

"구술채록자: 아티스트 명함은 언제부터 만드셨어요?"

캔자스에서는 여기 저기, 거기는 [그림을] 대여하는 데가 많아요, 그래서 보내고. 거기서 좀 사람들이 나를 알아보더라고요. 그림을 팔았으니까 이제 아티스트래요. 〈구술자 웃음〉 정말 진짜 화가는 아닌데….

애리조나 한인미술협회 전시회에서 처음 만났을 때 수지는 아티스트라고 쓴 명함을 구술채록자에게 주었다. 구술생애사 인터뷰 마지막 부분에서 그녀는 애리조나 한인미술협회 회원 중에는 미술대학을 나온 사람도 있어 자신의 그림을 잘 공개하지 않는다고 이야기하면서, 자기는 "진짜 화가"가 아니라고 겸손을 떨었다. 그렇지만 그녀가 마흔일곱 살 때인 1999년에 공장 일을 그만두고 본격적으로 그림을 그렸고, 그녀의 그림을 팔아준 캔자스의 갤러리에서 그녀를 "아티스트"로 대접해 주었다. 그녀가 현재 살고 있는 애리조나주의 도시에서 매우 가까운 거리에 있는 스코츠데일의 미술 갤러리도 그

녀의 그림을 가지고 있는데, 스코츠데일은 미술 갤러리가 80여개나 있는 곳이다.9)

수지는 부산에서 살았던 어린 시절부터 혼자 분필을 가지고 땅에다 그림을 그리면서 그림에 흥미를 가졌다. 그러나 한국에서 중학교까지 다니면서 미술시간에 그림을 배운 것밖에 없었다. 구술자와 헤어지기 전에 자동차 안에서 학교를 어디까지 다녔냐고 물었다. 그러자 "고등학교밖에 못 나왔어요."라고 답했다. 구술채록자는 그녀가 한국에서 고등학교를 졸업한 줄 알았는데, 그녀는 다니던 공장에서 돈을 대주어 미국에서 온라인으로 고등학교를 졸업했다고 답했다.

큰언니가 미국으로 초청했을 때 미국에 오면 학교에 보내주겠다고 해서 미술을 계속 배우려고 했던 수지는 일을 하면서 혼자 미국생활을 헤쳐 나가야 했기에 미술공부를 제대로 하지 못했다. 결혼 후 캔자스에 살면서 주말에 화실을 다녔고, 그 후 공장에서 돈을 대주어 커뮤니티 칼리지에서 개설한 미술 과목을 들었다. 커뮤니티 칼리지에서 1년간 미술 과목을 듣고 난 후 미술대학에 진학하라는 권유를 받았지만, 가족이 있고 일을 해야 해서 미술대학에 진학하는 꿈은 접어야 했다. 그러나 그림에 소질이 있었기에 미국에 와서 처음 살았던 메릴랜드주에서도 그리고 캔자스주에서 은퇴 후 동물 그림을 지인한테 배우면서도 그녀는 상을 받을 정도의 실력을 가지고 있다.

커피숍에서 구술생애사 인터뷰를 마치고 그녀가 구술채록자를 데려다주는 자동차 안에서 그녀가 미국에 오기 전 서울에서 무엇을 했는지 물었다. 수지는 다른 가족이 속초에 사는 동안 서울에 있는

---

9) https://www.scottsdaleaz.gov/about (검색일: 2020.6.17).

미용학교를 1년간 다녔다. "바로 위의 작은언니가 미용산데, 미용학교를 갔는데, 면허증을 못 따요. 나를 서울에 있는 미용학교로 보냈어요. 내가 면허증을 따면 미장원을 같이 하자."면서 미장원 일에 취미가 없던 수지를 억지로 미용학교에 보냈다.

수지가 미용사 면허증을 따서 속초 집에 돌아가니 미용실을 운영하던 작은언니는 "어디로 가 버리고 없어요, 미장원을 하는 것도 아니고. 그래서 미장원을 하는 어느 아줌마가 [내] 미용사 면허증을 빌려달라고 해서 빌려줬어요."라고 말한 뒤, "내 인생이 안 됐죠?"라고 반문했다. 구술자 스스로 자기 인생은 안 됐다는 말이 왜 미국에 오기 전 자신의 미용사 면허증을 남에게 빌려줬다는 말끝에 나왔을까. 구술채록자에게 자기 인생을 다 말했기 때문일까, 아니면 취미도 없는 미용일을 배워 딴 면허증을 불법으로 빌려줬기 때문일까. 어찌 되었건 구술자와 처음으로 카카오톡을 주고받았을 때 그녀가 자기의 "생애이야기는 하얀 담장으로 둘러싸인 장미 정원이 아니에요."라고 말한 것을 떠올리면, 구술생애사 인터뷰를 마칠 때 "내 인생이 안 됐죠?"라고 반문하는 것으로 끝을 맺은 것은 이해가 된다.

3장

사업실패로 고생한 한식당 주인

_찬미

생애연보

1948년	2남 1녀 중 막내로 충북에서 출생
1973년경	큰아들 출생
1974년	미국 로스앤젤레스로 이민
1975년	로스앤젤레스에서 한식당 개업
1979년	하와이로 이주
1980년경	하와이에서 한식당 개업
1984년경	둘째아들 출생
1985년경	하와이 키아모쿠에서 한식당 겸 나이트클럽 개업
1988년경	하와이에서 실내 중고시장 분양 사업
2003년경	큰아들 가족이 애리조나주로 이주
2012년경	애리조나주로 이주
2017년	애리조나주에서 한글 시집을 자비로 출판
2018년 현재	한식당 운영 중

찬미의 생애연보 중 구술생애사 인터뷰에서 그녀가 정확하게 연도를 밝힌 경우는 로스앤젤레스로 이민 온 해, 로스앤젤레스에서 한식당을 개업한 해, 하와이로 이주한 해 등이다. 출생연도는 그녀가 작성한 구술공개 동의서에서 알았고, 애리조나주에서 한글 시집을 출판한 해는 시집에 실려 있다. 나머지 연도는 생애텍스트를 바탕으로 '몇 년경'으로 추론한 연도이다.

구술자인 찬미(가명)는 미국 애리조나주에 있는 한식당의 주인으로 구술채록자가 애리조나주에서 처음으로 구술생애사 인터뷰를 한 재미한인여성이다. 수소문 끝에 하와이에서 오래 살았으면서 사연이 많다는 이야기를 듣고, 2017년 2월 3일 그녀가 주인 겸 요리사로 일하고 있는 한식당에서 51분간 1차 인터뷰를 했다. 찬미가 하와이에서 오래 살았다는 것을 알고 만났기에 구술채록자는 하와이 이민 100주년을 맞아 2003년 하와이지역 한인동포의 생활문화조사(한국문화인류학회 2003)를 했던 이야기를 했다. 그러자 그녀는 "하와이 [한인들]은 굉장히 프렌들리friendly(다정)하고, 왜냐하면 밀집지역이라, 여기는 사람들이 쪼금 드라이dry(냉담)해요."라고 대꾸했다. 2018년 5월 2일 같은 곳에서 2차 인터뷰를 했는데, 이때는 한식당의 휴무일이라 찬미와 지원(4장의 구술자)이 개인 레슨으로 그림을 배우는 상황에서 53분간 인터뷰가 진행되었다.

1 사업의 부침

저는 뭐 영화를 찍어야 되지. 〈구술자 웃음〉 [미국에] 스물일곱 살에 왔어요, 저는. 지금 69세니까 몇 년 됐나? 처음에 엘에이LA로 왔어요, 엘에이로 오고. 하와이에는 유에이치UH(University of Hawaii, 하와이대학교)에 친구들이 많아요. 이○○ 교수라고 음대교수 있고, 그 다음에 사회학과도… 떠나온 지 5년도 안되었는데, 친한 사람 이름이 왔다갔다하면서, 하여튼 말하자면 술친구들이죠, 뭐. 〈구술자 웃음〉 술친구들. 30년 친구들인데, 제가 여기(애리조나) 와서 누구하고 노는지 모르겠어요. 〈구술자 웃음, 비교적 긴 침묵〉

식당만 한 40년 했어요, 엘에이서부터, 그때 엘에이 한인타운 만들기 전에. 엘에이 폭동(1992년) 나면서 한인타운이라고 브래들리Bradley 시장이 선을 팍 긋는 바람에 이제 한인타운이 더~ 이렇게(확실하게) 결성이 됐는데, 그전부터 거기서 살았어요.

그러니까 74년, 75년에 식당을 차렸는가봐, 올림픽가에다. 그랬다가 팔고 하와이로 갔어요. 왜냐하면 제가 막내딸이에요. 그래서 지금 오빠만 둘인데, 막내딸이고. 막내로 크다 보니까 조금 외롭잖아요, 또 딸이 저 하나고. 사촌언니 둘이 하와이 다 계시니까 언니들 있는 데로 따라가느라고. 〈구술자 웃음〉 지금 같으면 안 따라갔을 텐데, 그때는 어릴 때니까. 엄마도 보고 싶고 아버지도 보고 싶고 그러니까 언니들 따라갔어.

[하와이에] 가자마자(가서) 1년 있다가 식당을 다시 했는데, 칼라쿠아Kalakaua에서, 와이키키Waikiki 해변으로 들어가는 길이죠, 거기가 제일 번화가죠. 손님이 무지무지하게 몰렸어요. 엘에이에서 배운 음식을 거기서 하니까. 그래 가지고 돈을 많이 벌었는데…. 뭐 한

3년인가, 5년인가 운영을 하다가 명동, 키아모쿠Ke'eaumoku에서 커~
다랗게, 하와이서는 제일 큰 한인식당을 차렸어요.

"구술채록자: 거기가 하와이의 명동이에요?"

그렇죠. 코리아모쿠Koreamoku라 그러지, 한국사람이 하도 많아 가
지고 미국사람들도 거기 부를 때 키아모쿠라고 안 그러고 코리아모
쿠라고 그래요.[1]

그때 이 사람(인터뷰 당시 애리조나 한식당에서 일하던 웨이터)도 거기
서(키아모쿠 한식당에서) 같이 [일했고], 한 식구같이 이렇게 지내요.
근데 거기서 말하자면 리스lease(임대차) 사기 같은 걸, 비슷한 거를
당해 가지고, 한 쿼터 밀리온quarter million(25만 불)을 그때 까먹었
어요, 80년대 초에. 그래 가지고 두 번, 세 번, 제가 세 번 [돈을]
까먹었어요. 그러니까 제가 영화 찍어야 된다[고 말하지]. 〈구술
자 웃음〉

식당을 그냥 힘들게 해 가지고 돈을 벌어 가지고는 세 번을 망했
어요. 근데 그게 망하는 이유가, 첫 번째는 리스lease가 잘못 돼 가지
고. 그때 여기(미국) 온 지 얼마 안되니까, 소개하는 사람이 설명하는
게, [제가] 사람을 트러스트trust(신뢰)하니까, 그게 법이잖아요, 그대
로 그 말을 믿고. 근데 그 사람이 무슨 거짓말을 한 거는 아닌데….
[가게 자리] 만 스퀘어 피트square feet(제곱피트)를 3분의 1씩 잘라
서, 그런데 3분의 2는 자기네 형제들이 다 가져갔어, 남매들이. 그래

---

1) 하와이의 유명한 코미디안 프랭크 딜리마Frank Delima가 이 거리에 한인들의
상점이 많이 있다고 1990년대부터 "코리아모쿠"라고 불렀다(강옥엽 외 2009:
183).

가지고 부동산 회사를 거기다 하고, 그로서리 마켓grocery market(식료품 가게)을 하고. 저는 거기다가 식당 겸 나이트클럽을 해 가지고 들어갔어요. 1년 반 만에, 그러니까 4년에 10년 옵션 리스option lease(조건부 임대)를 받아 가지고 들어갔는데, 1년 반 만에 나가라고 그러는데….

맨 뒤에 무슨 조항이 있었냐면, 만약에 여기다가 빌딩을 올릴 경우에는 너희들이 리스 캔슬레이션 피lease cancellation fee(임대차 위약금)를 받고 나가라, 그런 조항이 있었는데. 그 사람이 뭐라고 설명했냐면, '이 땅 넓이에다가 10층 이상의 건물이 올라갈 수가 없으니까, 그러니까 누가 여기다가 투자를 하겠느냐, 우리 식구들도 다 들어가고 있다.' 근데 그게 현실이 돼 가지고, 나가라는 노티스notice(통지)가 온 거야, 한 달 내로. 근데, 제가 사는데 경험이 많고 또 어토니 attorney(변호사)를 잘 만났으면, 그러면 '너희들이 헐을 때까지는 우리가 렌트rent(집세)를 페이pay(지불)하고 있겠다!' 이렇게 됐어야 되는 거야. 근데 리스 캔슬레이션 피를 못 받으면 어떡하나 해 가지고, 그냥 바로 나와 버린 거야. 그런데 3년도 더 있다가 빌딩이 올라가는 거예요.

그 리스 캔슬레이션 피라는 게 스퀘어 피트 당 이게 디바이드 divide해서(나눠서) 받는데…. 부동산 [회사]는 예를 들어서 책상만 들고 나가면 되잖아요. 또 그로서리 마켓은 쉘프shelf(선반) 같은 거 떼고, 냉장고 유즈드 완used one(중고) 들여놨다가 그냥 팔고 나가고, 무슨 수어sewer(하수도)를 만든 것도 아니고, 아무것도 거기 들인 돈이 없는 거예요. [그로서리 마켓의] 음식은 그냥 바겐세일bargain sale 하면 되는 거고. 저만 거기다 돈을 들인 거야, 수어sewer, 에어컨, 뭐, 모든 시설을 다 하고, 라이선스licence(허가증) 다 받고 하니까, 저만

25만 불 들이고. 80년대 25만 불이면 꽤 큰돈이야. 지금 [가치로는] 아마 백만 불 할 거 같은데. 그런데 스퀘어 피트 당 나눠서 받으니까 얼마 되지를 않는 거야. 그래 가지고 거기서 한 번 처음 망해 봤어요.

내가 망했다고 그러니까 엘에이에서 알던 친구가 홀세일wholesale (도매)을 한 번 해봐라 그래서, [엘에이에 있는 친구가] 여자 옷, 남자 옷을 엘에이 자바jobber시장에서 막 그냥 덤으로 해 가지고 컨테이너로 보내줬어요. 그래서 이제 [내가] 이렇고 이런 스타일 [옷을] 얘기하면 걔(친구)가 그걸 보내주고. 이제 옷 팔면서 [빚을] 갚고 이러면서 다시 일어나는 거야, 제가.

그때 하와이에 무슨 일 있었느냐면, [구술채록자가] 하와이 가보셨다니까 아시겠지만, 와이키키에 둑스레인Dukes Lane이라고 한인들이 요렇게 조그만 카트를 한 개씩 놓고 장사를 하잖아요.

"구술채록자: 네, 가 봤어요."

그곳을 〈인터내셔널 마켓〉international market에서 헌다고 [장사하는 한인들보고] 나가라고 노티스notice(통지)를 준 거예요. 그러니까 한인들이 막 난리가 나고, 그때 고○○ 한인회장이 머리를 빡빡 깎고 거기 와이키키 길거리에 무릎을 꿇고 앉아서 투쟁을 하고 막 그랬어요.

제가 엘에이에 왔다갔다하면서 보니까 인도어 스왑 미트indoor swap meet(실내 중고시장)라는 게 있더라구요. 그래서 이제 그 사람들을 거기로 유치를 해야겠구나! 해서, 제가, 만 7천, 거의 2만 스퀘어 피트 되는 거예요. 그거를 얻어 가지고 내가 스왑 미트를 분양했어요, 부스booth를 80개 만들어 가지고. 매니저 스토어manager store(관리실)도 놓고 분양을 했는데…. 그 지역에 사방공사가 들어가는 거야, 도로확장 공사가. 그러니까 재수가 엄청 없는 거예요. 그게 2차선 도로인데, 6차선 도로로다가 사방공사를 하는 거야. 그러니까 손님들이 불편해서 올 수가 없는 거예요.

저는 이제 비치 프레스Beach Press(일본에서 운영하는 뉴스 및 미디어 웹사이트), 케이큐엠큐KQMQ(KQMQ-FM, 하와이 호놀룰루의 라디오 방송국) 미국방송에다 한 달에 만오천 불 정도 커머셜commercial(광고)로다가 내보내고, 도어 프라이즈door prize(경품)로 냉장고를 걸고, 텔레비전, 냉장고, 이런 걸 걸고, 손님들을 유치해줘야 하니까. 관광버스를 막 갖다 들이대주고…. 그런데 그게 안되더라고요. 들어오는데 불편하니까 [손님이] 올 수가 없는 거예요. 그래 가지고 거기서 또 1년 있다가 문을 닫은 거야. 1년 1개월인가? 하다가 도저히 안되겠어요, 렌트rent(집세)가, 한 달 렌트만 해도 만오천 불인데, 거기다 선전비하고, 도저히 견딜 수 없는 거예요. 그래서 거기서 60만 불을 또 까먹은 거죠.

제가 그러니까 경험부족이에요. 그러니까 내가 두 번에서 배운 것이 뭐냐면, 사람을 내 맘같이 믿고, 내 용기만 가지고 뭐가 되는 게 아니야, 머리만 가지고 되는 게 아니고, 그리고 무슨 영웅심 가지고 되는 것도 아닌데…. 그 사람들(둑스레인에서 장사하던 한인들) 난리 치고 하면, 이렇게 같이 먹고 사는 게 좋으니까, 영사관에서 나와서 테이프도 끊어주고 뭐 난리를 치고 [인도어 스왑 미트] 오픈을 했는데.

두 번을 까먹었어. 그래 가지고 이제 찬찬히 또 하나서부터 시작했어요. '아이, 다시는 식당을 안 할 것이다.' [했는데]. 그때(스왑 미트를 분양했을 때) 제 꿈은 비서가 탁! 자동차 문을 열어주면 제가 딱 타고서 회장처럼 가는 게 꿈이었는데⋯. 〈구술자 웃음〉 하여튼 도로식당을 한 거예요, 또 쪼그맣게, 막 넘어가는 식당, 제대로 돈도 주지 않고⋯. 이제 식당에는 노하우가 있으니까 돈 쪼끔 들이고 또 샀어요, 식당을. 하와이대 쪽, 마노아Manoa 쪽에다 이렇게 방갈로같이 식당을 했어요. 그래 가지고 시내 사람들이 거기 올라와서 먹고, 그래 가지고 한 2,500불, 하루에, 못 팔아야 2,000불. 렌트는 800불인가 1,000불밖에 안되니까 거기서 돈을 짭짤하게 버는데, 그 자리가 또 팔려 버리는 거야, 그 장사하는 자리가.

또 팔려 버리는데, '너는 장사를 잘하는 사람이니까 리스lease를 계속 주겠다!' 그래서 거기 남았는데⋯. 그게 주유소 하던 자리에요. 그런데 그 사람들이 거기다가 빌딩을 지으려고 그러니까 주유소 밑에 묻었던 기름 탱크를 다 꺼내 내야 되잖아. 거기서 7개월, 공사하는 데서 버티니까 또 거기서 돈을 막 까먹는 거야. 그래서 '아, 시내로 내려가야겠다.' 시내로 내려가서 식당을 크게 했어요. 식당을 크게 해서 손님이 많이 오면 하루에 3, 4천불씩 팔고. 이제 저 집이 이제 일어나겠네! 그러는데⋯. 그런데 돈은 마음대로 안 돼, 저는 돈 복이 없나 봐요.

일본에 쓰나미가 오던 그해(2011년)에 하와이 웨더weather(날씨)가⋯. 저는 바깥에 바니안 트리banyan tree(벵골보리수) 밑에다가 파라솔을 쫙 피고서 장사를 했었는데, 하와이에 한 6, 7개월 계속 비가 오는 거야. 그래서 그 바깥의 파라솔에 사람들이 앉을 수가 없고. 또 쓰나미가 왔기 때문에 [일본인] 관광객이 끊겼고, 그러니까 하루 한 4,000불씩 팔리던 매상이 1,000불도 안되게 이렇게 막⋯ [매상이 떨어지는 거야]. 쿡cook(요리사)은 2 교대로 해서 다섯 명씩 열 명이 했는데, [장사가] 안되는 거야.

그래서 제가 거기서, 빚잔치라고 그러잖아요, 저는 그냥 맨손으로 나오는 거. 그냥 있던 집, 가게 딱 주고 나니까 내 손에 200불 남더라고. 그래서 아들한테, '야, 비행기표 부쳐!' 아들이 여기(애리조나) 있었어요, 그때. 그래서 200불 들고 애리조나로 온 거예요.

────────────

구술채록자가 지금까지 살아온 이야기를 해달라고 하자, 찬미는 자기의 삶은 영화로 찍어야 될 정도라고 대꾸했다. 그러면서 스물일곱 살에 로스앤젤레스로 왔고 한식당을 "한 40년" 했다는 이야기를 제일 먼저 했다. 다른 사람들이 그녀에게 사연이 많다는 이야기나 그녀가 영화로 찍어야 된다고 생각하는 자신의 삶은 거듭된 사업실패가 기둥을 이루고 있다.

찬미가 하와이에서 두 번째로 사업에 실패한 것은 실내 중고시장 indoor swap meet을 분양한 후 1년 정도 있다가 문을 닫은 것이다. 그녀가 실내 중고시장 분양사업을 한 것은 와이키키 해변 인근 거리인 〈둑스레인〉Dukes Lane에서 카트 노점상을 하던 한인 상인들이 재개발로 쫓겨나게 될 위기에 처하자 "같이 먹고 사는 게 좋으니까" 일종의 "영웅심"에서 시작한 것이다. 1988년 하와이주의회가 〈인터내셔널 마켓 플레이스〉International Market Place 장소를 컨벤션 센터 건립후보지로 결정하자 혈서로 쓴 현수막까지 등장한 시위가 있었다(Thompson 2013). 그렇지만 컨벤션 센터는 결국 다른 후보지에 건립되었다. 1957년에 개장한 인터내셔널 마켓은 한때 한인 상인이 거의 100%를 장악했을 정도였다. 옆 거리인 둑스레인 골목에도 한인들이 많이 진출해 있었는데, 〈와이키키 둑스레인 상인회〉는 1987년에 설립되었다(이정덕 2003).

찬미는 하와이에서 "빚잔치" 끝에 2012년경 큰아들이 있는 애리조나주로 왔다. 애리조나주로 이주하게 된 결정적인 계기가 된 세 번째 실패는 그녀가 오랫동안 종사해 온 한식당의 매상 문제였다. 첫 번째와 두 번째의 실패는 임대차를 둘러싼 문제와 임차를 한 후 다시 임대를 하는 분양에서 불거졌다. 그녀는 두 번의 실패가 "경험부족"이라고 고백하면서, 믿음과 용기만으로 사업을 해서는 안 된다는 교훈을 얻었다. 그러나 그 후에도 한식당을 운영하면서 매상의 부침이 있었기에 그녀는 자신에게 "돈복"이 없다고 체념한 듯 말했다.

2 애리조나 이주

처음 [애리조나] 와 가지고 ○○마켓(한국식품점)이라는데 가서, 누가 소개를 하더라구요. 그래서 거기 가서 이제 그… 분식, 분식하고 반찬을 팔았어요. 근데 거기서 4개월밖에 일을 안 했는데, 그 집이 또 망하더라구요. 4개월밖에 일을 안 했는데 문을 닫는대. 제 음식만 소문이 난 거야, 맛있다고. 그래서 그 인연으로 여기 이 근방 사람들이 오더order(주문)를 하니까, 반찬을 이제 세트로 50불짜리 해서 가가호호 배달을 했어요.

"구술채록자: 한국 분들이 주문하는 건가요?"

한국사람. 외국사람들은 중국사람들이 오더를 하더라고. 그래서 돈을 조금 벌었기에 저쪽에 트레일러하우스trailer house라는 게 있어요, 애리조나에는. 그거를 2만 불을 주고, 아니 만오천 불을 주고 사

가지고, 싹 수리하는데 오천 불 들였어요. 그래서 한 2년 정도 번 돈을 거기다가…. 왜냐하면 며느리가 하올리haole에요.[2] 하와이에서 는 하올리라 하면 [무슨 말인지] 알아, 여기(애리조나) 사람들은 모르 더라고.

그래서 [며느리가] 한국음식도 좋아 안 하구, 아들네 집은 넓은데, 그렇다고 거기서 음식 [하기도 그렇고]…. 그래 가지고 [아들네 집 을] 나와서 반찬을 딜리버리delivery(배달)한 거예요. 사람들이 이 솜 씨면 왜 식당을 안 하시냐 하는데… 우리 남편도 자꾸 조그만 식당 하면서 거기서 반찬을 하자 그래서 반찬가게를 하려고 요거(지금 운 영하고 있는 한식당)를 얻은 거예요. 여긴 식당들이 다 크구요, 이렇게 작은 게 별로 없어요. 전부 3천 스퀘어 피트 이상 돼요. 요거 1,500 [스퀘어 피트]짜리 찾는데 힘들었어요, 작은 게 없어요.

요 앞에다 냉장고를 놓고 반찬을 놓고…. 근데 여기는 하와이하고 틀려서(달라서) 세 달에 한 번씩 헬스 디파트먼트health department(위 생국)에서 검사를 나오는데…. 그 사람들이 전부 인그리디언트in-gredients(재료)를 다 해서 찍으라는 거야, 찍어서 붙이래 날짜하구. 그 러면 라벨label 값만 얼마가 나오는 거야? 그래서 '아이, 그러면 진열 안 한다.' 그러면 진열 안 하고 '반찬 세트로 50불짜리 가져가고 싶 으면 가져가라, 와서 보고서 맘에 드는 거 있으면 사 가라.' 이렇게 된 거예요. 그게 시초가 돼 가지고, 이제 처음에는 메뉴 몇 가지, 〈벽 에 걸려 있는 메뉴판을 가리키면서〉 저기 있는 메뉴가 다였었는데, 지금 은 메뉴가 그냥 많이 늘어났어요.

---

2) 하올리는 하와이 원주민의 말로 백인을 지칭하는 용어이다(유철인 2003a: 108).

아들들은 다 하와이에 있다가 한 아이는 온 지 2년 되고, 제가 여기 와 있으니까 이제 2년 되고… 큰애는 여기 온 지 한 십삼사 년 됐나 봐요, 하와이대학교 나오고 그랬어요.

"구술채록자: 큰애는 어떻게 애리조나로 왔어요?"

거기서(하와이에서) 결혼해서 왔어요, 걔는. [며느리가] 샌프란시스코에서 하와이대로 유학 온 앤데, 기집애가 아주 이쁘게 생겼어요, 미국 앤데. [큰애가] 거기에 반한 거지 말하자면. 근데 그 아버지가, 그러니까 장인이, 샌프란시스코에서 건축 계통 일을 하시는 거예요. 그래서 그분이 ○○○(애리조나의 도시)가 발전하는 곳이니까 그리 가라, 그래 가지고 하와이에서 이리 왔어, 둘이. 애 둘 낳아 가지고 이리 왔어. 그랬는데 와 가지고 돈을 번 게 아니고 돈을 다 까먹었죠. 여기 부동산 파동 있었잖아요. 그때 나도 이쪽에다가 투자를 했다가 많이 돈을 잃어먹고(잃어버리고)…. 집을 넘버 일레븐number eleven(11번)까지 샀었어요, 근데 넘어가려니까 2, 3년 안에 그게 다 넘어가더라고. 희한하게 돈이라는 게…. 그래서 나는 돈 욕심 안 부리기로 했어. 왜냐하면 하느님께서 걷어 가시려 드니까, 그렇게 얘기하면 이상하지만, 단숨에 그냥 가져가 버려.

이거(현재 운영 중인 한식당)는 큰아들이 조금 투자하고, 내가 한 3만 불 있던 거 하고, 아는 동생이 한 3만 불 빌려주고 해서, 이게 10만 불 들여서 한 건데. 팔려고 하니까 10만 불 주는 사람이 없어요. 거저 가져가려고 그래. 그동안 자리 잡느라고 돈도 못 벌었는데…. 이제 자리가 잡히는 건데, 내가 힘이 들어서 팔려고 하니까 누가 사지를 않아요. 그러니까 여기서 루즈머니lose money하고(손해를 보고) 나가게 생긴 거죠, 지금.

"구술채록자: 바깥 분이 미술 쪽인가요?"

아니, 음악만 한 30년.

"구술채록자: 남편 분이 계속 가게는 안 도와주시는 모양이죠?"

딜리버리delivery 해주고, 심부름은 해요, 그래도. 아침에 나와서 청소 해주고. 굉장한 변화예요, 하와이에서는 어림도 없었던 일이에요, 그게. [하와이에서는] 사람들 다 쓰고 하라고, 그리고 거기는 또 그렇게 장사도 [잘] 되고. 여기처럼 이렇게 장사가 안되는 동네는 처음 봤어요, 저는. 한인들이 숫자도 적은데다….

"구술채록자: 또 한인들이 분산되어 있으니까…."

분산되어 있어 가지고, [우리 식당이] 아주 맛있다고 소문은 난 모양인데도 장사는 안 돼요. 간신히 현상유지만 해요.

저는 이제 애리조나 온 지 한 5년밖에 안 된 사람이니까…. 처음엔 저는 여기 풀도 안 나는 줄 알았는데, 〈구술자 웃음〉꽃도 있고, 나무도 있고. 사막이라고 그래 가지고 선입견으로 선인장만 생각하고 왔는데, 없는 게 없잖아요. 사람 살기는 하와이가 낫죠. 사람 살기는 하와이가 좋아요. 그런데 단 하나, 거기는 사람들이 인정스럽기도 하지만 약잖아요. 여기 사람들은 또 약지는 않아요, 심플simple(단순)해요.

"구술채록자: 사막 기후를 닮았나 보죠?"

네. 〈구술자와 구술채록자 웃음〉

예를 들어서, 거기서는(하와이에서는) 제가 사업을 하다 돈이 모자라서 10만 불, 20만 불 단위로다가, 이제 아는 사람이 많으니까, 바로 이렇게 빌리고 그러는데…. 거기 애들은 공짜가 없고 전부 이자가 붙어, 하와이는. 그래서 돈 구하기는 쉬워도 이자가 나간다.

"구술채록자: 한국사람한테 구하시는 거예요?"

예. 뱅크 론bank loan(은행 융자) 안 하고, 계도 하고, 계하는 그런 사람들한테 빌리고.

여기는(애리조나는) 제가 돈을 [빌려] 달라 이야기 안 해도 조금 가까운 사람들이, 돈이 좀 있는 분들이 어떠냐 하면, '아, 이거 하시는데 돈이 좀 모자라시겠습니다.' 이렇게. 그래 가지고 제가 '돈이 모자랍니다.' 소리 안 하고 두 사람한테 도움을 받았는데, 그 사람들이 이자를 안 받더라고. 제가 김치도 담아 드리고 반찬도 갖다 드리고 하면서 갚았지만…. 그런 거를 볼 때는 하와이보다는 사람들이 쪼끔 저질은 아니지 않느냐, 쪼끔 격은 있지 않느냐, 좀 드라이dry(냉담)해서 그렇지. 〈구술자 웃음〉 아니 다 그렇지는 않겠지만…. 그런데 하와이처럼 이렇게 친하게 엎어질 수 있는 사람은 또 없죠, 없어요. 맘 주고 같이 밤새 맥주 마시고 이럴 사람은 없어.

그리고 여기는 저녁 문화가 발달이 안 돼 가지구. 첨에 와서 제가 제일 불편한 게, 저녁에 어디 나가서 맥주 한 잔 먹어야 되겠는데, 갈 데가 없더라고요. 미국 술집밖에는 갈 데가 없어요. 아~ 그것 참 이상하데요. 그래서 제가 카페도 여러 번 했고 주점도 하고 나이트클럽도 하고 뭐 술, 그쪽으로는 많이 해봤기 때문에 여기서 또 카페 스타일로 하면 안 될까~ 해서 저녁에 쪼끔 살짝 이렇게 시도를 해보려고 하드 리쿼hard liquor(독한 술) [라이선스]도 내고 이런 시도를 해봤는데, 아~ 안되겠더라고요.

이거 밥장사 딱 때려치우고 이거 싹 고쳐서 해볼까 하고서 쪼끔 이렇게 물어보고, 저녁손님을 이렇게 끌어볼까 하고 선전도 좀 해보고, 쓱 이렇게 보는데, 안 돼. 여기 이 동네는 밤 장사는 안 된다. 옛날에는 몇 개 있었다는데…. 그리고 여기는 하와이보다 디유아이 DUI(driving under the influence, 음주 운전), 술 먹고 걸리는 게 엄청 엄격하더라고요. 그리고 드라이버 라이선스driver licence(운전면허증)도 안 걸리면 하와이는 5년, 3년 주기로다 바꿔야 되는데, 여기는 10년 주고, 그 다음에 안 걸리면 홀 라이프whole life(평생)를 줘요. 그 대신 [음주 운전에] 걸렸다 하면 굉장히 까다롭고 벌금도 많고.

〈낮에 서빙 일을 하던 남자가 퇴근함〉

"구술채록자: 저녁에 서빙하시는 분은 다른 분이 오시나 보죠?"

예, 여자 분이 오세요.

"구술채록자: 어제는 젊은 친구던데…."

아, 우리 아들, 막내. 다른 일 하는데, 어저께 저녁에 일하는 그 언니가 피곤하다고 그래 가지고 하루[만]. [막내는] 한국말 잘 못해요, 여기서(미국에서) 낳았어요. 아들 둘이에요.

"구술채록자: 한 서른 가까이 되지 않나요?"

예, 서른 넘었어요, 서른 넷. 큰놈이 마흔 다섯.

"구술채록자: 어제는 제가 2세인 것까지만 알아봤어요." 〈구술자 웃음〉

막내에요. 막낸데, 애니메이션 하다가, 힘들어서 뭐 게임이나 만들어서 팔까 그러는 놈이에요. 어유, 그놈한텐 별 기대를 안 하는데, '일할 사람이 없는데 하루만 도와줘.' 그러니까 '오케이OK!' 그러더라고. 또 자기 아버지가 감기 들었다고 그러니까, 저녁에 고기 굽는 사람이 요새 갑자기 나갔어요, 1주일 전에. 이 양반(남편)이 고기를 구워 주시는데, 답답하지. 그러니까 '야! 아버지가 아프니까 너 오늘 고기 구우면 엄마가 페이pay 할게!' '오케이!' 또 그러더라.

"구술채록자: 저는 어제 실수를 하기에 일한 지 얼마 안 된 모양이다…."
처음 한 거예요.

"구술채록자: 나는 그래서 신메뉴라서 그런가 그랬더니…." 〈구술자 웃음〉

아니에요, 어제 처음 하니까. '마미mommy, 쌈밥에 로스트roast(구이 요리) 나가는 거야?' '노No.' 그러니까 다시 가.

구술채록자는 1차 인터뷰를 하기 전날 저녁에 찬미의 한식당에서 벽에 걸려 있는 메뉴판에 없는 새로운 메뉴인 쌈밥을 먹었다. 벽에 걸려 있는 메뉴판의 모습은 하와이에 있는 한식당에 걸려 있

는 메뉴판의 모습과 매우 비슷했다. 식당 내부에 그림이 많이 걸려 있어 1차 인터뷰 때는 찬미의 남편이 그린 것인 줄 알고, 남편이 미술 계통의 일을 하는지 물어보았다. 2차 인터뷰는 찬미가 자기의 한식당에서 미술 레슨을 받는 현장에서 진행되었기에 식당에 걸려있는 그림이 그녀가 그린 것임을 확실하게 알았다.

찬미는 애리조나주로 이주해서 사는 이야기를 하면서 하와이와 비교를 많이 했다. 그녀는 스물일곱 살 때인 1974년에 로스앤젤레스로 이민 와서 5년 정도 살다가 하와이에서 33년가량 살았다. 2012년경 애리조나주로 이주한 그녀는 하와이에서 일생동안 가장 오랫동안 산 셈이다. 그녀는 큰아들과 백인 며느리의 집에 있다가 한식 반찬을 집에서 만들어야 해서 트레일러하우스를 구입했다는 이야기 끝에 애리조나주에는 트레일러하우스가 있다고 소개했다. 애리조나주의 도시지역에는 이러한 형태의 조립식 주택이 미국 서부지역의 다른 주요도시에 비해 많은 편이다.[3]

찬미는 자영업을 하면서 돈을 빌리는 일에 대해 하와이의 한인들은 약은 편이지만 애리조나주의 한인들은 그렇지 않다면서 두 지역의 한인을 비교했다. 또한 애리조나주가 하와이보다 음주운전에 대한 처벌이 강해 한국 술집도 거의 없고, 지금 운영하고 있는 한식당을 저녁에는 술집 형태로 운영하고 싶어도 애리조나 한인사회에는 "저녁 문화"가 발달이 안되어 그렇게 할 수 없다고 안타까워했다.

찬미가 하와이에서 장사를 접고 애리조나주로 온 것은 큰아들네 가족이 애리조나주에 있었기 때문에 가능했다. 큰아들네 가족은 건

---

3) 『아리조나 타임즈』 2018년 8월 8일, 「메트로 피닉스 토지가격 상승으로 모빌홈 파크 밀려나」 (https://koreanaztimes.com/aznews/834610, 검색일: 2020.6.24).

축 계통의 일을 하는 장인이 애리조나주의 발전 가능성을 보고 이주를 권유하여 2003년경 하와이에서 애리조나주로 이주했다. 애리조나주에 불어 닥쳤던 부동산 붐은 2005년에 절정에 이르렀다가 2006년 이후 미국 모기지mortgage(주택담보 융자) 시장의 붕괴로 애리조나주의 주택시장은 4년 이상 최악의 침체상황에 빠지게 된다.4) 애리조나주에 부동산 열기가 뜨겁던 때 하와이에 살던 찬미는 큰아들네 가족이 살고 있는 애리조나주에 집을 열한 번이나 샀는데, 주택시장의 붕괴로 많은 손해를 본 모양이다.

3 한식당 주인

"구술채록자: 엘에이LA에서 음식을 배우셨잖아요?"

네, 그렇죠.

"구술채록자: 어떻게 배우셨어요?"

어… 식당을 차렸어요, 제가 75년에. 74년에 이민 와서 75년에 차렸는데, 아주 기라성 같은 쿡cook(요리사)들이 셋이 있었어요. ○○ 아주머니라는 분은 청진동에서 해장국 끓이시던 분이고. 한 40년 되신 주방장 미스터 최는 '짜장면 30 그릇!' 그러면 딱 잡으면 탁, 탁, 탁 30그릇이 나왔다는 말이에요. 그러니까 아주 기라성 같은 쿡cook

---

4) 『아리조나 타임즈』 2011년 4월 27일, 「밸리 부동산 시장, 곳곳에서 '반등' 조짐」 (https://koreanaztimes.com/aznews/14708, 검색일: 2020.6.24).

들 세 분을 썼어요. 그 사람들 밑에서 배운 거야 그니까.

원래 제가 처음에 [미국에] 와서 ○○식당이라는 데서 웨이트리스를 했는데, 거기서 사귄 쿡 아주머니가 짤리는 바람에…. 내가 돈이 있으니까, 그러면 내가 식당 차릴게 아줌마 같이 하실래요? 이렇게 된 거예요.

"구술채록자: 그 아줌마가 ○○ 아줌마?"

○○ 아줌마. 지금 와서는 냉면을 푹푹 푹푹 끓이다가 얼음물에 한 번 씻으면 쫄깃쫄깃해져요. 근데 옛날에는 전부 마른 냉면이잖아. 그러니까 냉면을 찬물에 씻을 때 누구하고라도 농담을 하면 벼락 난리가 나는 거야. 초를 다퉈, 이게. 그래서 주인이지만 음식을 알아야 한다고 어머니같이 그렇게 가르치시더라고, '음식을 알아야 나중에 들어오는 사람들을 부릴 것 아니냐.' 그래서 다시 워시dish wash(설거지)부터 하라 그러고. 다시 워시부터 [시작하면서] 쿡을 껴서 [한식당을] 해 가지고, 내가 그 아주머니를 좋아하니까, 엄마처럼 좋아하니까 그렇게 배웠어요. 그 아주머니한테 많이 배웠고, 그리고 한 40년 된 쿡[한테도 배우고]. 음식, 식당을 계속 하다 보니까 저한테 거쳐 가시는 쿡들이 몇 백 명일 거 아녜요. 사정에 의해서 나가시는 분, 내가 짜른 분, 많이 있을 거 아녜요.

직접 음식을 하는 건 제가 머리털 나고 지금 처음이에요. [그 동안에는] 직접 음식을 안 했어요. 이렇게 색깔만 봐도, 하도 오래 식당을 하니까 색깔만 봐도 이게 짜게 나가는지 잘못 나가는지 알아요. 그래서 그렇게 관리만 하는데, 쿡 한 사람한테 한 가지만 배우면 벌써 100가지 아닙니까, 100명이면.

그런데 음식을요, 한 10년, 20년 해서는 음식 했단 말 하면 안 돼요. 그게 1, 2년 만에 배워지는 게 아니더라고요. 그래서 음식을 한 30년 하다 보니까 그제서야, 시장에 가서 이렇게 물건(음식 재료)을 보면 이퀄equal(감당하는) 답이(만들어질 음식의 양이) 나와요. 그러니까 음식을 한다고 해서 건방지게 몇 년 배워 가지고 나는 이집 주방장이야 그러면 그거는 귓방망이 한 대 올라가야 되는 거예요. 주방장이라는 거는 이 식당에 가서도 할 수 있고 저 식당에 가서도 할 수 있고, 식당마다 가서 그 식당의 총 관리를 할 수 있어야 주방장이라 그러는 거예요.

그리고 주방장은 음식만 맛있게 뽑아서 되는 게 아니고, 관리를 해야 되거든요. 자, 이 음식을, 신선한 음식(재료)을 구입하는 것도 중요하지만 신선하게 음식(재료)을 구입을 했으면 이걸 어떻게 신선하게 보존을 해서 버리지 않고, 쓰레기통으로 팍! 들어가지 않고, 세이브 머니save money를 시켜주면서(돈을 절약하면서) 신선하게 나갈 것이냐. 그니까 냉장고 관리를 잘해야… 그게 음식의 아주 기본인 거예요. 그걸 못하면, 음식 꼴짝꼴짝 해서 잘 만들어 내는 거는 아무나 하는 거예요. 그러니까 식당 일이라는 게, 아무나 식당을 차리면 되는 것 같지만 천만의 말씀.

"구술채록자: 한식당은 여기에 여러 군데 있나 보죠?"

많지는 않구요, 저 열을 때만 해도 한 세 네 군데밖에 없었는데, 지금은 한 대여섯 개. 지금은 하나, 둘, 셋, 넷, 요 근방에만 네 개, 하나 둘 셋 넷 다섯, 다섯 군데네. 조금 더 나가면 또 몇 개 있죠. 근데 외국사람들을 유치해야 하는데, 제 음식 자체가….

"구술채록자: 완전히 토속적이죠. 강된장 있고."

예, 그래서 외국사람들도 한국 갔다 온 분들만 오시고, 또 하와이에서 오신 분들, 그런 분들이 좋아하죠. 제가 밋전meat 전(고기 전)을 하는데, 밋전이라는 게 이 동네엔 없어요, 그게 하와이 음식이거든요.[5] 밋전이 있는 거를 어디 선전하지도 않았는데, 자기네들끼리 입소문이 나 가지고 밋전들을 먹으러 오는 거예요. 그래서 [손님이] 와서 '밋전!' 그러면, '아, 하와이서 왔구나.' 하는 거죠.

그런데 그렇게 [식당을] 오래 하고서도 여기 와서 고전을 하거든요. 그니까 이 동네가 아주 갓댐goddamn이야(빌어먹을 곳이야). 〈구술자 웃음〉

"동석자: 맛을 몰라서 그러는 거 아냐?"

아~ 이 동네 사람들은, 뭔지 모르겠어. 노인네들만 꼬이는데, 그러니까 아마 노인네들 입맛에 맞는지. 〈구술자 웃음〉

"구술채록자: 손님들이 점심 때 쫙 왔다가 쫙 나가야 되는데…."

아니, 안 그래.

"구술채록자: 한 사람, 한 사람씩, 어제도 보니까…."

한 사람, 한 사람씩 와요. 한 사람 가면 한 사람 오고, 그런 식이에요.

---

5) 전 종류는 한국에서 전통적으로 의례음식과 잔치음식의 대명사이나, 하와이에 있는 한식당에서는 갈비와 불고기와 더불어 전 종류(고기 전, 생선 전, 호박 전 등)가 주 메뉴에 속한다(유철인 2003b: 155-160).

"동석자: 지금 내가 보니까 사모님 음식이 모던modern한 음식이 아니고, 옛날 엄마들 하는 그 스타일이에요. 그죠?"

"구술채록자: 예, 그런 것 같아요."

———————

　찬미는 하와이에 가서 한식당을 다시 시작했을 때 "엘에이에서 배운 음식을" 하와이에서 하니까 손님이 많았다고 이야기했다(이 장의 〈1. 사업의 부침〉 53쪽 참조). 자기가 운영하는 한식당에서 개인 레슨으로 그림을 배우는 상황에서 진행된 2차 인터뷰는 그녀가 어떻게 한식을 배웠는지 물어보는 것으로 시작했다.

　찬미는 로스앤젤레스와 하와이에서 한식당을 운영했지만, 애리조나주에 와서 한국식품점 안에 반찬가게를 열고 이어서 한식당을 하면서 처음으로 직접 음식을 만들었다. 로스앤젤레스에서 처음 열었던 한식당의 주방 아주머니가 음식을 알아야 주방에서 일하는 사람들을 관리할 수 있다고 조언해서 그녀는 설거지 일부터 시작했다고 한다. 그녀가 만든 음식이 맛있다는 소문은 났지만, 찬미는 한식당의 매출이 신통치 않다고 이야기한다.

　그녀는 미국인 손님이 찾는 한식당이 되어야 하는데 그렇지 못하고, 나이 든 재미한인들만 띄엄띄엄 찾아와서 힘들다고 말했다. 2차 인터뷰 때 동석한 미술 선생도 그녀의 음식이 엄마 손 맛을 닮았다고 대꾸했다. 구술채록자가 현지조사 중 지역의 다른 한식당을 갔을 때에는 미국인 손님이 제법 있었지만, 찬미의 식당에는 한인여성과 결혼한 미국인 남편 이외에는 미국인 손님을 볼 수 없었다. 현지 한인신문인 『코리아 포스트』의 한인업소 목록에 따르면, 한인이 운영하는 식당은 2020년 기준으로 지역에 41개가 있는데, 이 중 한식당은 15개이다.[6]

찬미는 2017년 미국에서 한글로 낸 시집의 부록으로 한식에 대한 조리법을 〈시가 있는 식탁〉이라는 제목 아래 소개하고 있다. 그녀는 〈작가의 말〉에서 "시가 있는 식탁은 오랜 시간 음식 만드는 것을 직업으로 가졌던 제가 작으나마 도움을 드리고 싶은 마음입니다."라고 적고 있다. 「반찬 아줌마」라는 그녀의 시를 읽어 보면, 남녀노소 누구에게나 맛있는 음식을 만들고 있다는 그녀의 자부심을 읽을 수 있다. 따라서 그녀는 자기를 한식당 주인뿐만 아니라 한식 요리사로도 내세우고 있다.

> 누가
> 맛있게 먹고 있습니다
>
> 그래서 오늘도
> 정성껏 반찬을 만들고 있지요
>
> 아가들에게는
> 매울 것 같아 고추를 뺍니다

---

6) 『코리아 포스트』 2018년 11월 9일자 신문의 한인업소록에 따르면, 한식당 15개, 일식당 20개, 중식당 4개, 떡집 2개로 총 41개가 식당 항목에 실려 있는데, 같은 신문 2018년 4월 27일자 신문의 한인업소록보다 한식당이 4개 더 늘었다. 2020년 7월 20일 『코리아 포스트』의 홈페이지 업소록(http://azkoreapost.com/directory)에 접속했을 때에도 식당 종류의 변화 없이 총 41개의 식당을 조회할 수 있었다.

어른들에게는
해로울 것 같아 설탕대신
올리고당을 넣어 봅니다

맛있는 반찬 왔다고
얼굴이 환해지는 학생을 보면
기운이 납니다

정갈하고 맛있는 반찬 먹게 해줘서
고맙다는 어르신

아줌마 반찬이 최고 짱 이라는
예쁜 언니

그래서 오늘도
천리를 갑니다

(찬미의 시, 「반찬 아줌마」 전문)

4   미국 이민

[미국 와서] 엘에이LA 한인타운 형성되는 거, 그 다음에 하와이 키아모쿠Ke'eaumoku 그쪽 한인타운 형성되는 거, 그거를 다 보고 살았어요. 거기서 돈도 많이 벌었는데….

"구술채록자: 애리조나 한인회장님이 한인타운 만들겠다고 하시던데, 신문 보니까…."

예. [한인회장이] 원 로one row(한 열에 있는 가게)를 다 샀으니까, 거기가 꽤 크더라고요, 거기를 중심으로 한인타운을 만들겠다네요.

"구술채록자: 지금 한인회장이 운영하고 있는 ○마트 있는 자리 말고 또 딴 데에?"

예. 거기 말고 거기서 이스트East 쪽(동쪽)으로 좀 더 가면 롱모어 Longmore라는 데가 있어요. 롱모어 길 선상에 있어요, 가게가 기억자로 되어있고, 파킹parking(주차)장 가운데 있고, 상당히 커요. [한인회장이] 쇼핑센터 전체를 사 버렸어요. 거길 중심으로 해서 한인타운으로 만들고 싶은 거야.

"구술채록자: 그럼 이제 한인타운 만드는 거 두 번 다 보시고, 여기 왔더니 여기서 또 한인타운 만들겠다고….""

그쵸. 이제 여기 것 만드는 거까지 보면 세 번 보네. 〈구술자 웃음〉 [애리조나에] 처음에 와서는 제가 망했어도 쓰던 가락이 있고 통이 크니까…. 여기 모임들 하고 그러는데 돈을 조금 쓰려고 해요, 여기 사람들이 좀 짜요. 돈 백 불 디너dinner에 쓰는 사람들이 없어. 그래서 내가 '음식 필요하면 해 줄게요, 부르쇼.' 그래도 이 사람들이 '설마 음식을 공짜로 해 주려고?' 이래서 연락을 안 하더라고. 그래도 이 장사(한식당)를 하면서, 몇 번 도네이션donation(기부) 탁 탁 나가는 거를 보더니, '이거를 정말 도네이션 하시느냐?' 이러더라고. 아이고, 참, 사람들이 통이 안 커, 통이 안 커.

"구술채록자: 처음 미국 오실 때 결혼하기 전인가요? 결혼하신 다음에 오셨나요?"

아들 하나 나서 한 살 때, 애기가 어리니까 저하고 여권사진 같이 찍고, 1974년도에. 그 애가 한 살 때 왔는데 지금 마흔 다섯이니까 44년 됐어요. 10년 있다가 둘째 낳았어요, 일하고 먹고 살아야 되니까.

"구술채록자: 어떻게 미국에 오시게 됐어요?"

저쪽 집(시댁) 누님이 여기(미국에) 있었는데, 그래서 신랑 따라서 왔어요. 반대하는 결혼을 제가 해 가지고, 엄마가 '야, 야, 여기서 지지부지 사는 거 보기 싫으니까 미국에 [가라고].'

"구술채록자: 신랑은 결혼할 때도 음악 하셨어요?"

아니요, 그때는 ○○방송에 있었어요.

음악은 여기 미국 와서, 원래 피아노도 좀 치고 노래를 잘해요. 그래서 음악 프로그램 프로듀서 하고 그랬었는데. 불쌍하게 여기 와서 먹고 살려니까 처음에는 청소도 하고 그랬는데 수입이 안되고…. 딱 디너 뮤직dinner music을 하니까 수입이 막 올라가는 거야. 나이트클럽에서 밴드마스터만 한 30년 하고 살았어요, 미국애들 데리고, 한국사람은 드럼 하나 데리고. 이 양반은 키보드 하고 노래하고, 메인 싱어예요. 7인조 밴드 가지고 한 30년 했어요, 엘에이에서 하고 하와이에서 하고.

"구술채록자: 하와이에는 몇 년도에 가신 거죠?"

79년 초, [엘에이에서] 3년 정도 [한식당을] 운영을 하다가, 제가 그때 데었어요. 웨이트리스waitress가 티팟tea pot(찻주전자)을 이렇게 하는데, 티팟이 나한테로 넘어왔어요. 그래 가지고 그때 이제 여름인데 이렇게 째는 옷을 입어 가지고, 지금도 그 흉터가 있어요. 그런데 바로 이렇게 부풀어 가지고 이머전시emergency(응급실)에 갔어요. 어린 나이에 어떤 생각이 들었냐 하면, 내가 무슨 나이도 어린데 곰탕 장사, 해장국 장사, 음식 장사 하면서 뜨거운 물 맞으면서 왜 이러고 있지, 이런 생각을 해서, 팔지도 않고 일하던 웨이트리스, 아니 쿡cook한테 [식당을] 딱 넘겨주고 [하와이로] 왔어요. '너 벌어서, 디파짓deposit(보증금)도 필요 없어. 벌어서 나한테 한 달에 얼마씩 보내라.' 그러고서 하와이로 갔어요. 그러니까 참 철이 없는 거예요. 그런 식으로 식당을 두어 번 문을 닫은 적이 있어요. 근데 지금 보니까 그게 참 귀한 돈이었던 건데, 돈에 대한 개념이 없었던 거죠.

"구술채록자: 저번에(1차 인터뷰 때) 이야기하셨을 때, 사촌언니가 하와이 사셨다면서요?"

예, 그쵸, 사촌언니들이 다 그쪽(하와이)에 있어요. 제가 외딸이고 막내잖아요? 그러니까 언니들이 거기 있으니까 아무래도 언니들이 있기 때문에 더 때려치우고 갔을 거예요, 제 생각에. 그런데 그 사람들(사촌언니들)이 사는데 저한테 큰 짐이 되고 도움이 되고 그런 건 없더라구요. 근데 어린 나이에는 막 엄마 아버지[하고] 떨어졌으니까, 일단 언니들이 거기 있으니까 그리로 가고 싶죠. 그래서 갔는데….

"구술채록자: 사촌 언니들은 아직 하와이에?"

지금도 있어요.

"구술채록자: 사촌언니는 처음부터 하와이 그리로 이민가신 거예요?"

그렇죠. 둘째 사촌언니가 피엑스PX에 다니면서 거기서 장교를 하나 사귀었어요, 문산 피엑스 다닐 때. 그래 가지고 그 장교하고 결혼해 가지고 거기(하와이)를 들어갔어요. 전부 패밀리family 이민 초청으로 들어갔어요.

"구술채록자: 친사촌인가요?"

이종사촌. 그렇게 갔는데, 그 언니들은 다 잘 살아요. 저는 어째 예술가 남편을 만나다 보니까 생활전선에 이렇게 힘이 들게 살고, 그 언니들은 남편들이 다 버니까 잘 살아요. 근데 이민 와서 잘 살려면, 두 가지예요. 돈 가지고 들어오든지, 아니면 정말 없어서 한국에서 노동하던 사람이었든지, 두 가지 중에 하나지. 저처럼 이 중간치기들이 와서 잘 못살아요. 이상하더라고, [잘] 안 살아지는 거예요.

"구술채록자: 하와이 사촌언니가 출발점이네요, 그 가족은⋯."

네, 그 가족은 그렇죠. 우리 가족은요, 우리 시누이가 초청했어요. 시누이는 여기(미국) 와서 간호대학을 다녔는데, 시이모가 무지 부자였는가 봐. 그래서 딸처럼 데리고 있다가 유학을 보내서 간호대를 갔는데, 거기서 남자를 하나 만나서 결혼했어. 근데 애기를 못 낳는다고 이혼 당했어요. 미국사람도 그런 사람이 있더라고, 별일이죠? 미국사람이. 그 시절이 옛날 시절이라 그런가⋯.

"구술채록자: 미국사람도 여러 종류가 있으니까."

그런가 봐요. 그래서 [시누이는] 이혼을 당했는데, 하여튼 그분 때문에…. 이 사람(남편)이 동생이죠, 우리 신랑이. 그렇게 해서 이민 왔어요.

1974년 로스앤젤레스
팔백 불을 주고 생전 처음 구입한
회색빛 임팔라는 끊임없이 타당탕 하며 머플러에서
    총 소리를 냈다

올림픽 식품에서 한국 음식을 구입하고 윌밍턴으로
    가는 길에
어김없이 지나야 하는 거리 캄톤
사방은 연두색 국방색 건물이 늘어서 있었는데
빨간색 까만색 페인트로
사정없이 낙서를 당한 건물들은
자기 색깔을 잃어버린 지 오래였고 가게마다 쇠창살이
    있었다
흑인들만 보이는 거리를
우리는 언제 설지도 모르는
고물차를 타고 지나다녔다

후리웨이가 있다는 것을 알게 된 건 영어를
한두 마디 익힐 무렵이었는데
아직은 신혼의 꿈에 푹 빠져서
고생이 고생인 줄 모르던 시절이었다
캄톤은 위험지역이니 그 길로 다니지 말라는
    지인의 말을 한참 후에야 들었다

철없고 겁 없던
초기 이민 생활 속 그림엔
지금도 추억처럼 떠오르는
캄톤의 거리와 차만 타면
"따르릉 따르릉 비켜세나요"
가사도 틀려가며 목청을 높이던
세 살짜리 큰아이
그리고 탱크 같은 임팔라가 있다

그래도 그때 그 시절은
마냥 그립고 아름답다

(찬미의 시,「캄톤」전문)

찬미는 "스물일곱 살에" 엘에이LA로 왔다는 간단한 말로 자신의
생애이야기를 시작했고,「캄톤」이라는 그녀의 시는 미국 이민 초기
의 시절을 생생하게 읊고 있다. 그러나 그녀 가족이 어떻게 미국에
이민 왔는지는 1차 인터뷰 후반에 구술채록자가 질문을 하자 이야
기했다. 찬미네 가족은 시누이의 가족초청으로 1974년에 로스앤젤
레스로 왔다. 찬미는 이민을 온 곳이 왜 로스앤젤레스인지 이야기하
지 않았다. 초청을 한 시누이가 그 당시 로스앤젤레스에서 살고 있
었을 것이다. 시누이는 미국에 유학을 온 후 미국사람과 결혼했는
데, 아이를 낳지 못한다고 이혼을 당했다고 한다.
찬미는 미국에 "신랑 따라서" 왔다고 말한 것을 보면, 미국에 있
는 누나에게 가족초청을 부탁한 남편이 미국 이민을 주도한 것이다.
남편은 미국에 와서 "불쌍하게" 처음에는 청소 일을 하다가 나중에
는 저녁에 메인 싱어이자 밴드 마스터로 활동했다. 그녀는 남편이

한국에서 방송국 프로듀서로 있으면서 왜 미국으로 이민 올 생각을 했는지 이야기하지 않았다. 그녀는 집에서 반대하는 결혼을 했기 때문에 이민을 왔다는 정도로만 이야기했다.

찬미는 로스앤젤레스에서 한식당을 운영하다가 화상을 입자 이종사촌 언니들이 사는 하와이로 이주했다. 그녀는 나이 차가 많은 두 오빠 밑의 막내 외동딸로 컸고, 그녀가 미국에 이민 오기 직전 아버지는 돌아가셨다. 로스앤젤레스에서 남편이랑 아들과 함께 살지만, 한국에 사는 어머니와 떨어져 외로움을 느낀 그녀는 이종사촌 언니들 곁으로 갔다. 하와이에 살면서 이종사촌 언니들과 경제적으로 도움을 주거나 받지는 않았고, "지금 같으면" 하와이로 가지 않았을 것이라는 이야기는(이 장의 〈1. 사업의 부침〉 53쪽 참조) 그녀가 외로움을 많이 타서 하와이로 이주했다는 것을 뒷받침해준다.

1차 인터뷰 때 생애이야기의 첫 부분에서 찬미는 로스앤젤레스에서 운영하던 식당을 "팔고" 하와이로 갔다고 이야기했지만(이 장의 〈1. 사업의 부침〉 53쪽 참조), 2차 인터뷰 때는 그 식당을 "팔지도 않고" 주방장한테 "넘겨주고" 하와이로 갔다고 이야기했다. "그런 식으로 식당을 두어 번 문을 닫은 적이" 있다는 말로 보아, 그녀는 식당을 다른 사람에게 넘길 때 값을 제대로 받지 않은 경우가 몇 번 있었던 모양이다.

찬미는 이민 와서 잘 사는 사람은 한국에서 돈을 많이 가지고 온 사람이거나 돈이 없어 노동을 하던 사람이라면서 자기처럼 가진 돈이 어중간한 사람은 잘 못산다고 이야기했다. "어째 예술가 남편을 만나다 보니까 생활전선에 이렇게 힘이 들게 살고" 있다는 그녀의 말을 들으면, 한식당을 운영하면서 가정경제를 상당 부분 책임져야 했던 그녀의 부담감이 묻어난다. 그렇지만 로스앤젤레스에서 처음으로 한식당을 차릴 때 식당을 차릴 정도의 돈이 있었다고 말했다 (이 장의 〈3. 한식당 주인〉 69쪽 참조). 미국에 와서 처음에 찬미는 웨이트리스 일을 했고 남편은 청소 일을 했는데, 어떻게 한식당을 차릴 정도의 돈이 있었는지에 대해서는 이야기하지 않았다. 하와이에서나 애리조나주에서는 재미한인들과 계를 하여 목돈을 마련하거나 재미한인들에게 돈을 빌렸다고 이야기했다. 따라서 그녀는 로스앤젤레스에서도 계를 하거나 돈을 빌려 식당을 차렸을 것이다.

5 시에 등장하는 가족

"구술채록자: 지민이가 제일 큰손주예요?"

아니, 막내. 내가 받아 가지고 기른 거야.

"구술채록자: 시집에 지민이 이야기가 제일 많이 나와서….."

예, 왜냐하면 [지민이를] 애기 때부터 길러서, 한 집에서 길러서. 여기(애리조나) 오자마자 딴 집에서 살았는데, 걔(지민이) 형이 길 건너에서 살았는데…. [애리조나의] 집이 다 넘어가기 전에 마지막 집 넘어갈 때 난 그 집에서 살았고, 아들은 '엄마, 나는 기브업give up(포기)해서 렌트로 나갈게.' 아들이 집을 얻었는데, [내 집과 아들 집이] 한(같은) 블록이야. 한 살 조금 넘은 애기(지민이 형)가 나를 찾아서 찻길을 건너오는 거예요. 그래서 내가 이건 아니다, 한 집으로 뭉치자. 그래서 한 집으로 뭉쳤는데 지민이를 낳은 거야.

우리 며느리가 기특한 게 하나 있어, 미국 앤데도 엄마 아버지를 자기가 모신다고, 죽을 때까지 내가 모실 테니까 같이 살자고 그러더라고. 참 말이 고맙더라고.

"동석자: 같이 살아요?"

아니요, 왜 같이 살아요? 불편하게. 그래서 내가 그랬지, 이 애기가 위험수위를 알 때까지 두 살이나 세 살까지 내가 여기 이 집에서 같이 살 것이다. 걔가 두 살 반 되었을 때 나왔지, 이사를. 그때부터 음식 장사를, 나온 다음에 반찬 장사를 했죠.

근데 손주가 벌써 넷이에요, 큰아들한테서. 〈다소 긴 침묵〉 하와이, 아, [사회학과] 구○○교수구나. 구교수랑 [음대] 이교수와는 30년을, 아주 친해요. 그분들이 우리 신랑하고 동갑들이에요, 둘 다. 나이들이 다 동갑내기들이야. 원래는 신랑하고 친구인데, 같이 어울리다 보니까… 우리 신랑은 성격이 대꼬챙이 같아, 쫌. 〈구술자 웃음〉 그런데 [신랑이] 술 먹으면 말이 많고 그러니까 이 양반들이 한 잔 하시면 저하고만 놀려고 그래요. 나중에는 저하고만….

"구술채록자: 「아버지 아버지」라는 시가 있던데…. 본인이 막내라는 것만 강조하시고 아버지 이야기를 별로 안 해주셔서…."

아, 그랬구나. 우리 아버님이 옛날 문자로 학자세요. 그런데 그분이 3대 독자이신데 일본으로 유학을 갔다 오셨는데. 그때 시골에서 공부 많이 한 사람이 별로 없잖아요. 누구 결혼식 하면 결혼 날짜도 잡아 주고, 누가 아프다 하면 약도 처방해 주고, 만물박사고 학자신데, 어디다 뭘 써야 하면 대신 써 주시고. 옛날에 옐로우yellow 빛나는 얇은 문창호지로 본인이 책을 지어서 노끈으로 매어서 만들었어요. 정감록인지 뭔지 항상 책을 보시고 그러시는데.

아버님이 어려서부터 저에게 천자문을 가르쳤어요. 제가 국민학교 가기 전에 하늘 천, 따 지 천자문을 떼고, 시조 몇 십 수를 외우고 국민학교에 들어갔어요. 그러니까 아버님 덕분에 제가 글을 쓰게 된 것 같애. 제가 막내니까 오빠가 둘이 위로 있으신데, 작은오빠가 열두 살 위, 큰오빠가 열여덟 살 위, 그러니까 나하고 같이 자라지 않았잖아요. 다 외지로 공부하러 나가고. 큰오빠는 연희전문 나오고, 나중에 외대에 근무하셨는데, 큰오빠가 아빠라고 해도 될 정도예요. 아버님이 [내가] 중학교 2학년, 3학년 다닐 때까지 집안에서 나를 업고 다니셨어요. 업을 때 챙피하니까 밖에 나가지 말라고, 뒤뜰에서만 업으라는 거지. 내가 중학교, 고등학교 다닐 때, 아버님 집에 전부 과일나무야. 딸기 철이면 딸기, 살구 철이면 살구, 사람이 직접 하숙집으로 가져와요. 그렇게 컸거든. 내 생각에 제가 평생에 할 수 있는 호강을 애기 때, 처녀 시절에 다 해버린 거야. 하느님이 공평하시니까 시집와서 나를 이렇게 고생을 시키시는구나, 좋게 생각하는 거지. 〈구술자 웃음〉

"구술채록자: 아버님은 일찍 돌아가셨나 봐요? 40년이 지난 후에야 울었다고 시에 쓴 걸 보면⋯."

네, 아버지는 74년에 돌아가셨어. 제가 미국에 들어오기 한 달 전에. 장례를 치루고 왔는데, 사람들이 막내딸 앞에서 돌아가시려고 서둘러 돌아가셨다고.

"구술채록자: 돌아가실 때 아버님 연세는 어떻게 됐어요?"

칠십⋯ 아버님 마흔다섯 살인가 마흔여섯 살 때, 엄마 마흔한 살 때 나를 낳았어. 내가 막내니까 낳을지 안 낳을지 그 옛날 몰랐던 나이에 낳은 거야. 〈잠시 침묵〉 작은오빠는 고향에서 면장으로 은퇴를 했고요, 우리집은 전부 공무원 출신이야. 삼촌은 경찰이었고, 저만 요상하게, 이상하게 풀렸어.

"구술채록자: 어머니에 대한 시도 있던데⋯."

어머니는 미국 [하와이에] 들어오셔서 막내 낳은 걸 3년 길러주시고 [한국에] 들어가서 돌아가셨어. 우리 어머니는 30년을 부인회장을 하신 분이야, 그렇게 오지랖이 넓으신 분이야. 아버지는 조용한 학자시고, 어머니는 마이크만 잡았다 하면 옛날 선거운동 할 때, 엄마는 초등학교 밖에 안 나왔는데 아버지한테 얻어 들은 게 많아서 마이크만 잡았다 하면 청산유수로 쫙 나가는 거예요. 동네사람들 얘기로 '너희 엄마는 일본놈이 들어오면 일본 부인회장 했다가 이북놈 넘어오면 이북놈 부녀회장 했다가, 자유당 되니까 박○○○하고 악수하고, 네 엄마는 난 사람이야. 너는 왜 너희 엄마를 못 닮았냐?' 나보고 그래요. 나는 성품이 아버지를 닮았고.

"구술채록자: 국민학교는 어디에서 다니셨어요?"

충청북도 중원군 ○○면이 고향이에요. 충주에서 40리 들어가요, 주덕, 장호원, 주덕[읍]에서 40리, ○○면. 아버님이 사방 30리를 남의 땅 안 밟을 정도로 부자예요. 일제시대 때 분배로 소작인한테 땅을 많이 뺏기시고. 그리고 갑신년(1944년)에 커다란 장마가 왔을 때 커다란 강 같은 도랑이 생기면서 재산이 많이 떠내려갔어요. 재산이 많이 떠내려갔어도….

"동석자: 땅은 그대로 남아 있을 거 아니에요?"

물에 강이 되어서 강인데, 우리 땅이라고 하면 무슨 소용이 있어요? 그런 사연이 많아요.

얼마 전에 제가 하와이에 있을 때, 몇 년 전에 전화가 왔어요. 그런데 참 이상한 게 어떻게 내 전화[번호]를 알았느냐고. 충청북도 도청에서 전화가 왔어. 아버님이 내 앞으로 해 놓으신 땅이 있었을 거 아니야, 아니면 자식들에게 물려주라고 한 땅이 있었을 거 아니야. 지금도 땅이 많이 있어요. 근데 그 땅 중에서 소작인들이 20년 이상 부치면 그 사람 땅이 된다는 거야.

"구술채록자: 그런 법이 있죠."

그렇죠? 그거를 위임을 하라는 거야. 그 사람들 땅이 된다는 걸 인정하라는 거지. 그런 연락이 와서 깜짝 놀랐어. 내 앞으로 된 땅을 다른 사람들이 20년 이상 부쳤다는 거야. 그러니까 그 사람들 땅이 된다는 거야. 그런데 어떻게 나를 수소문해서 전화가 왔느냐는 거야, 깜짝 놀랐어.

하와이에 와 있는 사촌들이랑, 거기(하와이에) 또 친척이 한 그룹 있어요, 그 집은 한 100명쯤 있어요, 왜냐면 남매가 열두 남매야. 그 어머니가 얼마 전에 돌아가셨어요. 그분이 나보고 애기, 애기, 그러니까 아마 사촌 올케쯤 되나봐. 나는 막내라서 촌수를 잘 모르는데. [고향에서] 그분들이 한 집은 앞에 살고 한 집은 옆에 살고 그랬는데, 바깥에서 타작을 하면, 이 집은 식구가 많으니까 열다섯 섬, 저

86

집은 식구가 적으니까 열 섬, 아버님이 방앗간에 가기 전에 볏섬을 양쪽으로 그냥 주시는 거야. 아버님이 국민학교 지으라고 땅 주고 면사무소 지으라고 땅 주고, 그 동네에서는 굉장히 훌륭하신 분으로 그렇게.

제가 그 밑에서 자랐으니까 저도 누구 주는 걸 되게 좋아하지. 돈이 있으면 괜찮지만, 돈도 없이 자꾸 퍼주니까 [남편한테] 한마디 듣지. 〈구술자 웃음〉 보고 자라서 몸에 뱄어. 누구 어려운 꼴 못 보고. 이렇게 망하고 힘이 들어도 지금 당장 누가 만약에 돈이 없어 죽겠다면 [내] 돈이 나가는 거야. 생전 그렇게 살았는데, '내가 조금 약아지는 것 같아요, 돈에 이악스러워지는 것 같애.' 그러니까 〈구술자 웃으면서〉 우리 신랑이 '그러지 마라, 우리 부자 될 일 없으니까 하던 대로 하래. 사람이 변하면 못쓴대.'

"구술채록자: 고향에 언제까지 계셨어요?"

정확히 말하면, 국민학교 때까지밖에. 중학교서부터 객지생활 하고, 충주에서 중학교, 청주에서 고등학교 나오고, 서울에서는 ○○예대 문예창작과 나왔고.

나는 시풍이 한국을 떠난 지 50년 가까이 됐으니까 그 시대 시를 쓰고 있는 거야. 내가 말하는 것은 뭐냐면, 한국[의 시]는 지금 철학적이고, 굉장히, 과학적으로 말하면, 시들이 달나라 가고 우주 가는 시를 쓰는 거야. 그러니까 내 얘기는 시도 다시 유행이 복고풍으로 바뀔 때가 됐다는 것이지. 유행가도 뽕짝 좋아하는 사람도 있고, 클래식 좋아하는 사람도 있고 하듯이, 이(내) 시도 좋아하는 사람의 부류가 있을 것이다라는 거지.

찬미는 생애이야기를 하면서 가족관계를 스스로 꺼낸 경우가 많지 않았다. 아리조나 한인문인협회 회원으로 활동하고 있는 찬미가 2017년 미국에서 한글로 낸 시집에는 가족에 대한 시가 많이 있다. 2018년 진행한 2차 인터뷰 후반부에서 그녀의 시집에 등장하는 가족에 대해 질문을 하자, 그녀는 가족에 대해 이야기했다. 손자인 지민에 대해 물어보자, 그녀가 하와이에서 애리조나주로 와서 큰아들네 가족과 어떻게 살았는지 구체적인 이야기가 나왔다. 처음에는 아주 가까운 곳에서 그녀 부부와 큰아들네 가족이 따로 살다가 한 살 조금 넘은 손자(지민의 형)가 찻길을 건너 할머니를 찾아오자 큰아들네 가족과 같이 살게 되었다. 그녀가 아들네와 같이 살 때 지민이가 태어났고, 그 애가 두 살 반 되었을 때 트레일러하우스로 이사를 가면서 반찬 장사를 시작했다.

찬미는 친정 집안이 큰 부자라는 이야기 끝에 그녀가 태어나기 전인 일제강점기와 갑신년 장마에 대한 이야기를 했다. 일제강점기 때 농지분배로 아버지가 땅을 많이 빼앗겼고, 1944년 갑신년에 고향에 큰 장마가 와서 아버지의 땅 일부가 강이 되었다. 이러한 이야기는 집안이 그만큼 큰 부자였고, 지금도 고향에 집안 땅이 많다는 것을 그녀가 기억하고 있다는 것을 말해준다.

이민 오기 전 고국에서의 삶은 이민 후에도 찬미에게 영향을 주었다. 그녀는 하와이에 살 때 그녀 앞으로 되어있는 고향 땅이 다른 사람 이름으로 넘어가는 것에 동의하라는 충청북도 도청의 전화를 받았다. 도청에서 어떻게 자기 전화번호를 알았는지 그녀는 매우 놀랐다고 이야기했다. 그러나 작은오빠가 고향에서 면장을 했다는 것을 보면, 도청에서 하와이에 살고 있는 그녀의 전화번호를 알아내는 것은 그리 어렵지 않았을 것이다. 어머니는 하와이에서 찬미의 둘째 아들을 낳았을 때부터 3년간 길러주고 한국에 돌아갔다. 찬미가 도청 전화를 받은 때가 어머니가 하와이에서 살고 있을 때인지 아닌지 알 수 없지만, 어머니가 마을에서 30년간 부인회장을 했던 사람이니 도청에서 찬미의 연락처를 알아내는 것은 문제가 되지 않았을 것으로 보인다.

찬미가 아버지 이야기를 하면서 고향에서의 기억을 떠올렸기에 구술채록자는 고향에서 언제까지 살았는지 물었다. 그녀는 국민학교만 고향에서 다녔고, 그 후 서울에서 2년제 문예창작과를 나왔다는 이야기를 했다. 문예창작과를 졸업한 이야기 끝에 자신의 시를 좋아하는 사람들이 한국에 있을 것이라는 희망을 내비쳤다. 그녀가 "50년 가까이" 전에 한국을 떠났기 때문에 자신은 그 당시의 한국 시를 쓰고 있지만 시에도 복고풍이 돌아오면 자신의 시집이 한국에서 출판될 수 있을 것으로 기대했다. 2017년 미국에서 한글로 쓴 시집을 자비로 냈지만 한국에서도 자기의 시집을 내고 싶다는 그녀에게는 비록 미국에서 살지만 한국의 시인이 되려는 초국가적 바람이 남아 있다.

1차 인터뷰 후반에 어떻게 미국에 오게 되었는지 묻자, 찬미는 집에서 "반대하는 결혼을" 해서 어머니도 그녀보고 미국에나 가라고 했다고 이야기했다. 2차 인터뷰에서는 그림을 그리다가 찬미가 갑자기 결혼 말이 있었던 남자 이야기를 꺼냈다. 그 남자는 큰 회사 사장의 막내아들인데, 그녀는 고등학생 때 교생으로 온 "선생님"과 "바람이" 나서 결혼을 했다는 것이다. 결혼할 당시 남편은 방송국 프로듀서였지만 그녀의 집안에서는 당초 결혼 말이 있던 큰 회사 사장의 막내아들과 비교해서 반대를 했던 모양이다.

○○무역이라고 아세요? 지금 없어졌어요?

"구술채록자: 기억이 안 나는데….."

그렇구나. 하여튼 ○○무역에 말하자면 내가 에레베타 타고 들어
간 거야. 그렇게 들어간 이유가 사장 막내아들하고 결혼 말이 있었
어요. 그런데 내가 말하자면 우리 신랑한테 바람이 난 거야. 〈구술자,
구술채록자, 동석자 모두 웃음〉

"동석자: 바람이 났어요?"

그렇다고 봐야지.

"동석자: 그렇다고 약속한 것도 아니잖아요?"

아니, 결혼 말이 오가는 도중에…. 그래서 엄마가 그 집 가서 하룻
밤을 자라는 거야, '그 집이 어떤 집인지 네가 가서 봐라.' 그런데
그 집이 필동에 있더라고. 갔더니 문을 딱 열어주는데, 국민학교 동
창 남자애가 경호원 같은 일을 하면서, 시골에서 학교 가기 힘드니
까, [문을 열어준 거야]. 우리 동네에서 중학교 간 친구가 딱 다섯
명이야, 고등학교는 한두 명밖에, 그런 시절이야. 그래서 어, 딱 쳐다
보니까, 못 본 척하고 어디로 없어지는 거야.

하루를 자는데, 비가 많이 왔어. 그런데 바람을 쐬려고 그랬는지
정원에 난이 내놓아 있었는데, 난은 비를 맞으며 안되나 봐요, 나는
잘 모르겠지만. 사모님이 일하는 사람 이름을 불러 젖히는데, 한 열
명 정도 부르는 거야. 사모님이 난이 비를 맞고 있지 않냐고 팔팔

뛰는 거야. 난 그것도 생소해. 하루를 자고 났는데, 집을 둘러보라는 거야. 침모가 한 대여섯 명, 사모님과 사장님이 오늘 대통령을 접견하러 간다고 그러면서 한복을 다리는데, 옷고름 끝이 약간 눌었다고 침모대장이 난리 난 거야. 내가 볼 때는 하나도 그거 안 보여, 옷고름 끄트머리 쪼끔. 난리가 나더라고. 그 집을 나오면서 아, 여기는 아니라고 결정을 내렸어요.

나는 편안하고 자유스러운 영혼이 좋지, 〈구술자 웃으면서〉 술 먹고 '어이 신랑, 다리 좀 주물러 봐.' 이러는 신랑이 좋지.

"동석자: 돈 있는 남자를 그렇게 길들이면 되잖아~."

누구를 길들이기는… 난 순정파잖아. 그래서 팔자가 빈한 거예요, 한마디로.

"구술채록자: 어떻게 그 집에 가서 하루 자라고….."

두 분이 친구 분이셔, 아버지하고(아버지끼리). 결혼 말 있던 아들은 그때 일본에 나가 있었고, 내 나이 또래 딸이 하나 있었고. 그 집도 삼남매야. 딸이 하나 있는데 친구처럼 가서 낯도 익히고, 하룻밤 자라고 [한 거야].

신랑은 고등학교 때 국어 교생이었는데, 국문과 출신. 애들이 전부 교생한테 반했어, 그런데 내 차례까지 안 오더라고. 그런데 서울에서 우연히 길에서 만났어요. 그때 연애를 한 건 아니고, '선생님!' 그래 가지고 만나 가지고 차 한 잔 얻어먹다가 이제 그게 발전을 한 거예요. 시집가서도 내가 시어머니 있는 데서도 [남편한테] 자꾸 '선생님!' 그러니까 우리 시어머니가 동네사람들 있는데 챙피하니까 제발 선생님 소리 빼라고. 그래 가지고 큰일 났다, 뭐라고 불러야 할지 몰라 가지고, '저기요.' 〈구술자와 구술채록자 웃음〉 여태 저는 '여보 당신'을 못해요.

"구술채록자: 남편의 고향은 어딘데요?"

원래 개성인데, 몇 살 때 내려 왔대더라, 여섯 살 때 내려 왔대나. 어디다 데려다 줬냐면, 덕양[리], 여수 쪽에. 그러다가 부산으로 이사를 갔대요. 그리고 서울로 올라왔어요. 교생만 했지 선생은 안 했어. ○○방송에 취직을 해가지고 프로듀서로 있다가 나하고 결혼해가지고 어디로 파견을 나갔냐면 제2고향이 여수라니까 ○○방송 개국하는 데로 파견을 나갔어. 여수○○방송을 개국시켜 놓고 거기서 바로 미국으로.

"구술채록자: 「시어머니 된 며느리」라는 시가 있던데, 하올리(백인) 며느리에 대한 이야기인가요?"

아니, 전체적으로, 우리 며느리도 포함해서 전체적으로. 우리 며느리가 미국인 며느리인데 우리집에서 그 애가 퀸queen이지. 〈구술채록자와 구술자 웃음〉 아주 고저스gorgeous(굉장)하게 대접을 받으면서 사는데….

"동석자: 왜요?"

남편이 돈 잘 벌고 그렇게 대우를 하니까 시집와서 일 한 번 안 해보고 4남매 기르는데. 생일 때는 둘이 나가요, 누구한테 4남매 맡겨놓고 호텔에서 자면서, 열두 코스 나오는 거 있잖아, 최고급, 요만큼 나오는 거 그거 딱 먹고 와인 먹고. [아들이] 지 마누라가 세상에서 제일 이쁜지 알고 사는 거야.

나는 지금 어떻게 생각하느냐, 효도는 품 안에서 다 하는 것이니까…. 옛날에 엄마가 나한테 가르쳐 준 거야. 자식들한테 효도를 바라지 마라, 애들이 자라면서 부모한테 효도를 했다, 귀여움을 바치고, 나중에 늙어서까지 효도를 바라지 마라, 그러셨어요. 지들이 잘 사는 게 효도라고 생각해요. 며느리는 아홉시 되면 애들 딱 씻기고 동화책을 꼭 읽어주고 애들이 자러 들어가면 애들을 마사지 해줘, 발이고 손이고 다 주무르고, 그렇게 애들을 잘 길러. 애들이 제 엄마가 욕을 한마디 안 해도 제 엄마 말이라면 예스맨yes-man이야. 그래서 걔네는 걱정을 안 해요. 막내놈은 지 애비를 닮아서 생활력도 없으면서 예술가 기질을 타고 나서 그림도 잘 그리고, 애니메이션 한다고 학교에 갔는데, 그것도 안되는 것 같고, 갈 길이 멀어.

내 히스토리history는 다 나왔네.

––––––––––

찬미는 자신의 생애이야기를 효도에 대한 이야기로 끝을 맺었다. 며느리에 관한 시에 대해 묻자, 찬미는 미국인 며느리가 아이들을 잘 키운다는 말끝에 어머니의 교훈을 언급했다. 자녀들은 자라면서 부모한테 효도를 한 것이기에 늙어서까지 효도를 바라지 말라는 어머니의 말은 어머니가 하와이에서 찬미의 둘째 아들을 3년간 길러주면서 해주었던 것 같다. 자녀들이 잘 사는 게 효도라고 생각하면서 큰아들에 대한 걱정은 없지만, 아직까지 부모와 같이 사는 둘째 아들에 대한 염려를 살짝 비쳤다.

4장

이혼 후 온라인에 매달린 웨이트리스

_지원

생애연보

1955년	2녀 1남 중 첫째로 출생
1976년경	○○방송국 근무
1978년	부모 이혼
1980년경	약혼 후 파혼
1980년	아버지가 미국 로스앤젤레스로 와서 재미한인여성과 재혼
1984년	자매가 로스앤젤레스로 이민
1987년	여섯 살 연하의 재미한인남성과 결혼
1988년	아들 출생
(1992년)	어머니가 로스앤젤레스로 이민
1994년	아버지 사망
(1995년)	애리조나주로 이주
(1996년)	부부가 같이 옷가게 시작
(2005년)	부부가 같이 스시 가게 시작
(2012년)	이혼
2018년 현재	한식당 웨이트리스로 일하는 중

지원의 생애연보 중 출생연도는 그녀가 작성한 구술공개 동의서에서 알았고, 구술생애
사 인터뷰에서 구술자가 몇 년도인지 밝히지 않은 경우, 생애텍스트를 바탕으로 '몇
년경'으로 추론했다. 소괄호 안의 연도는 나중에 페이스북 메신저로 구술자에게 질문을
해서 알아낸 연도이다.

구술자인 지원(가명)은 2018년 현재 미국 애리조나주에 있는 한식당에서 웨이트리스 일을 하고 있다. 일하고 있는 한식당에서 처음 만난 그녀를 2017년 2월 5일 패밀리 레스토랑에서 만나 1시간 30분 동안 1차 구술생애사 인터뷰를 했다. 1차 인터뷰를 한 지 1년이 넘은 2018년 5월 2일, 2차 인터뷰를 호텔 로비에서 47분 동안 했다. 이틀 후인 5월 4일 3차 인터뷰는 그녀가 일하고 있는 한식당에서 진행했기 때문에 중간에 끊어지기도 하면서 1시간 24분 동안 계속되었다.

1 복잡하고 특이한 삶

제 이야기는, 저는, 캄플리케이트complicate해요, 복잡해요.

근데 저는 굉장히 특이해요. 왜냐하면 한국에서 [대]학교 다 못 마치고 있다가 ○○방송(TV 방송국)에 어떻게, 탤런트는 아니고, 오 피스 잡office job(사무직)으로 들어갔어요. 들어가서 한 4년 정도. 전 무 비서를 한 4년 하다가 약혼한다고, 좋은 청년실업가와 약혼했다 가 그게 파혼됐어요. 흐지부지 노처녀로 있다가, 아버지가 미국에 와서 [저를] 초청해서 왔어요.

어쩌다가 남편을 엘에이LA에서, 코리아타운에서 만났는데, [제가] 엘에이로 갔거든요. 그때 당시 여섯 살 연하인데, 남편이 캄calm(차 분)하고, 점잖아서 결혼했지요. [연하라서] 이상한 게 아니라, 너무 사람이 성실하니까 연하 같은 느낌은 안 들면서…. 그때는 파격적인 데 결혼이 성사가 돼 가지고, 26년 결혼생활 하고 이혼했죠.

초기에는 조그만 꽃가게도 엘에이서 하다가, 또 웨이트리스waitress 도 하고, 그 사람(남편)은 그 사람대로 웨어하우스warehouse(상점)에서 일하고. 그러다가 어떻게 애리조나로 옮겼는데, 장사를 쪼그만 거, 옷장사를 시작하면서 둘이 먹고 살았는데, 몇 년 후에는 옷장사가, 그땐 옷장사가 잘 되었어요. 산속에 40만 불짜리 집도 사고, 일이 층 있고, 차도 벤츠로 뽑고. 10년 동안 옷가게 하면서 잘 먹고 잘 살았죠.

그랬는데 부부가 같이 직장생활을 하니까 부딪히는 게 많이 있더 라고요. 결혼생활 내내 싸운 거 같아요. 그러다가 그 사람이 그쪽(종 교 쪽)으로 스턱stuck되더라고요(빠지더라고요). 원래 집안이 그러는데, 종교 쪽으로 빠지더라고요. 삶이라는 건 아침에 나와서 가게 지키고. 몇 년 둘이 그러다가 또 쪼그만 가게를 냈어요, 흑인 상대로.

가게는 그런 데서 벌고, 집은 제일 좋은 데서, 분지에 들어가 있는 곳에, 제일 좋은 학군에, 그렇게 살았는데. 가게를 또 하나 냈어. 나는 제일 좋은, 오래된 몰mall(쇼핑센터) 안에서 하면서, 그 사람은 [다른 곳에서] 하는데. 피곤하죠, 아침부터 저녁까지. [남편이] 일요일은 종교 관계 때문에 놀자. 옛날에 [재미한인들이 장사하면서] 노는 사람도 없었는데. 집이고 차고 빚이고, 포션portion(몫)은 크지만 항상 돈이 들어가죠.

그렇게 살았는데, 가게가 조금 슬로우 다운slowdown되니까(매상이 줄어드니까) 압박도 가고 그러니까 싸우죠. 애는 애대로 방치해 놓고 키우고, 아들 하난데 어떻게 키웠는지. [애는] 맨날 컴퓨터만 하고 살이 찌고. 맨날 햄버거만 먹이고. 자기가 빼더라고, 고등학교 들어가더니. 엄마 아빠는 맨날 싸우고, 애는 애대로 정신적으로 피폐해져가는 삶을 살았어요. 때려 부수고, 뭐 그러잖아요, 남자들.

나는 성격이 교회 그런 거, 감각적으로 맞아 하지 않아요, 싫어해요. 그 사람은 찬양 인도 한다고, 거기에 집중하면서. 맨날 찬양팀 젊은 애들 데려와 밥 먹여야 하고, 봉사해야 한다고. 나는 그런 게 너무 죽기보다 싫은 거야, 너무 싫은 거야. 나중엔 반항하듯이 안 따라가기 시작했어. 나는 재미없다, 안 따라가겠다. 그래서 너무너무 지겨워 가지고 교회를 거부하니까, 이 사람은 이해를 못하는 거야. 이해를 못해 가지고, 더 갈등이 심하고, 시댁에서도 나를 이렇게 막 그렇고.

내가 한 일이라곤, 교회에서 자존심 상하게 가정 형편이 나쁜 거 말하고 싶지도 않고, 교회 사람들하고 상종하기도 싫으니까, 뭐 했냐면 쇼핑 중독, 시간 나면. 쇼핑하더라도 돈을 많이 쓴 것은 아니고, 왜 에즈 이지as easy 같은(적게 쓰는) 그런 거, 그런 쇼핑을 많이 했던 것 같아요, 젊을 때는. 그러다가 딱 남편하고 디바이드divide되니까 (갈라지니까), 아무래도 그게 병이었던 거 같애, 내 생각에. 그런 심프 텀symptom(증상)이 싹 없어지더라고요. 그런 의욕도 하나도 없고.

갈등만 있다가, 나는 맨날 그런 식으로 사는 건 원치 않고. 왜 있잖아요, 나중에는 부부가 말 안 하고 한집에서 남같이 사는 거. 그런 단계에 돌입하더라고요, 못 견디겠더라고요. 헤어지는 게 맞겠다, 그래 가지고 정리하고, 자기는(남편은) 선교 쪽으로 가겠다! 이랬죠. 심플simple.

"구술채록자: 처음에는 캄플리케이트complicate 하다고 그러더니, 지금은 심플simple이라고 그러시네요."

그(이혼) 이후에 [캄플리케이트 해요]. 남편이 굉장히 성실하고 그러니까, 거의 24시간 [남편과] 붙어 다니는 그런 삶을 살다보니까, [남편이] 성실하고 케어care(배려)를 많이 하는 사람이라서 나는 바깥을 몰랐어요, 전혀. 바깥에 나와 가지고 사람들하고, 지금은 벌써 [이혼 한 지] 8년 됐으니까, 지금은 늙었지만, 50대 중반 초[반] 이럴 때는 남자들도 연결이 되고. 여기서는(애리조나에서는) 아니고, 인터넷과 에스엔에스SNS가 발달하고 그랬으니까, 페이스북에서 커넥션connection(연결)이 돼 가지고, 남자들하고 채팅도 하면서 연결이 되는데….

너무 쇼크shock(충격)를 많이 받았어요, 나는. 와우~~ 그 전에는(결혼 전에는) 연애를 많이 했겠지만, 젊을 때는. 그런데 남편 같은 사람만 보다가 바깥에 나오니 사람들이 참 형편이 없어. 뭐라 설명할 수 없어요. 정직한 사람이 없는 것 같아. 난 사고방식이 쇼오프show-off

(잘난 체) 하는 것도 없고, 허영기도 별로 없고, 심플simple(단순)한 성격이기 때문에 상대를 만나는 것도 왜 좋으면 그런 거 하지 않고 그렇게 그런데, 남자들은 그런 게 아닌 것 같애. 상처 많이 받았죠. 그 이후에 캄플리케이트complicate(복잡)하더라는 거지.

너무 상처 받고, 너무 쇼크 많이 받고. [나를] 우습게 아는 것 같아요, 굉장히. 그렇다고 디테일detail하게(깊게) 사귀고, [같이] 살고 이런 것도 없었어요. 그렇지만 느낌이 조금 있으면, 건실하지 않고 이상하면, 그럼 인연이 됐다가 끊어져 버리고, 끊어져 버리고. 그게 반복이 됐던 것 같애. 못 만났던 거 같애, 그래 가지고 만날 수가 없었어.

남편도 미국사람이 아니고 한국사람인데요, 대화를 같이 많이 하고. 지적인 사람이라 영향을 많이 받고, 항상 친구같이 동반을 했었는데. 그 남편만 보다가 [다른] 남자들이 쓰레기 같다고. 쓰레기 같지 않다고 하더라도 너무 이해타산적이고, 너무 용기가 없고, 너무 재고, 아, 너무 놀랐어요, 인격이. 그래 나는 이해할 수 없어요, 남자들을.

구술채록자는 구술자가 일단 자신의 생애이야기를 말하기 시작한 후에는 자신의 틀에 따라 이야기하도록 질문을 하지 않은 채 듣는 것을 구술생애사 연구방법의 핵심으로 선택해 왔다(Rosenthal 1993: 60 참조). 구술자인 지원이 자신의 생애이야기를 시작하면서 운을 뗀 말이 "제 이야기는, 저는, 캄플리케이트complicate해요, 복잡해요."라는 것이다. 그러나 그녀는 남편과 헤어지는 것으로 간단히 정리되었다는 말로 일단 생애이야기의 끝을 맺었다. 이에 대해 구술채록자가

"처음에는 캄플리케이트complicate 하다고 그러더니, 지금은 심플 simple이라고 그러시네요."라고 언급했다. 그러자 그녀는 이혼 이후의 삶이 복잡하다면서, 이혼 이후 온라인에서 만난 한국남자들에게서 많은 상처를 받았다는 이야기를 했다. 구술자가 말하고 싶었던 것은 이혼 후의 복잡한 삶이다.

지원은 자기의 생애이야기를 시작하면서 "복잡"하다고 운을 뗀 후 바로 이어서 자신의 삶이 "특이"하다는 말을 덧붙였다. 그녀가 미국으로 이민 오기 전 파혼한 것을 스스로 특이하다고 말한 것이다. 그러나 자신의 삶이 왜 특이하다고 생각하는지 계속해서 이야기하지는 않았다. 3차 인터뷰 때 구술채록자가 묻자 그때에야 비로소 파혼 이야기가 자세하게 나왔다.

————————

"구술채록자: 곤란하면 대답을 안 해도 되는데…."

남자 이야기요?

"구술채록자: 아니요. 미국에 오기 전 약혼했다가 파혼을 했다고 했잖아요. 그 사연을 이야기해줄 만큼만…."

나는 다 이야기하지, 곤란한 거 없어요. 내 인생사를 누구에 의해서 다 이야기하게 되네. 약혼할 때는 ○○방송 다닐 땐데 어떤 남자를 우연히 만났는데 너무나 잘 생겼어. 그런데 배경은 안 좋았어, 홀어머니에. 누나가 ○○실업에 시집을 가서 잘 살고 있고, 그(누나) 시어머니가 장영자씨와 연결이 되어 있는 그런 큰 손이야. 누나는 ○○실업 사장의 부인으로 애를 셋 낳고 있었고. 애(약혼자)는 동생인데, [누나가] 동생을 극진히 하는데, 젊은 놈이 술을 많이 먹더라고, 중대 나왔어. 매형이 [약혼자보고] 싱가포르 지사장으로 가라, 젊은 앤데. 그래서 싱가포르 지사장으로 가기 전에 나를 만났으니까, 그러면 약혼을 하고 갔다 와라. 그래서 약혼을 했어요.

누가 사회를 봤냐면 고영수가 사회를 봤어, 누나하고 잘 아니까. 그쪽 집안에서 나오고…. 할머니가 [그때] 계셨어요, 할머니가 굉장히 우아하게 대단하게 있었어요. 우리 할머니하고 고모하고 나갔어요. 우리 집도 쟁쟁하게 보이긴 했어요.

"구술채록자: 그때 아버지는 계셨어요?"

계셨을 것 같애. 엄마? 엄마도 서울에 있었으니까 [약혼식에] 있었지. 약혼을 했어요. [약혼자가] 홀어머니 밑에서 자라 가지고 그런지 [뉴욕에] 가 가지고 연락을… [잘 안 하는 거야]. 그때 내가 저 만나기 전에 누구를 사귀고 있는 걸 나를 뺏은 거야. 근데 그게 억셉트accept가(받아들이는 게) 안되는지, [뉴욕에] 가서 핀트를 트는 거야. 회사를 그만 두라고 그래서 나는 서울에서 ○○방송도 관두고, 그때 우리 집은 울산의 ○○화학에 집이 있었거든요. [약혼자가 미국에 가서] 연락을 잘 안 하는 거야, 그때는 미국에 전화하기도 힘들었어요, 빌bill(전화요금 고지서)도 비싸고. 전화가 잘 안되는 거야, 전화를 잘 안 하는 거야.

나는 그때 고민하고 있었는데…. [약혼자가] 뉴욕지점으로 간대, 그런데 뉴욕 가기 전에 임신을 했어요. 6개월째 임신을 하고 있었는데, 그렇게 속을 썩이는 거야. 그래서 내가 유산을 한다고, [약혼자와] 커넥션connection(연결)이 안 돼 가지고, 그때 [약혼자는] 싱가포르에 있었나? 유산을 한다고 내가 우겨 가지고 병원에 갔어요. 그런데 [임신] 5개월이 됐으니 밑으로 못한다는 거야, 그러니까 배를 짝 찢어버리는 거야. 그래서 유산을 시켰어. [나중에 약혼자가] 찾아와서 난리법석이 난 거야, '너는 어떻게 그렇게 야멸차냐?'고.

떡잎부터 알아본다고, 그때 나는 만신창이가 된 거야, [약혼자가] 너무 속을 썩여 가지고, 임신을 하고 있는데. 근데 젊은 놈이 술을 많이 마셔. 홀어머니도 술을 많이 마시고. [약혼자는] 스물다섯 살 동갑인데, 그때는 내가 젊은 나이에 이해를 못한 거지.

구술자가 생애이야기를 하면서 처음으로 말하는 몇 마디는 자신의 삶 전체를 스스로 어떻게 해석하고 있는가를 보여주는 매우 중요한 대목이다. 구술자인 지원은 자신의 삶을 복잡하고 특이한 삶으로 해석했다. 그녀는 이혼 이후의 삶이 복잡하다고 이야기했고, 미국에 이민 오기 전 파혼한 것을 특이한 삶이라 표현했다. 그녀는 한국에서 약혼기간 중에 임신했는데, 약혼자가 외국에서 근무하면서 연락을 잘 하지 않고 술도 많이 마시면서 "너무 속을 썩여 가지고," 임신 중절을 하고 파혼했다.

2 결혼과 이혼

이민을 내가 84년도에 오고, 애기 아빠가 85년도에 왔는데. 한국 타운에 〈킴스전기〉라고 있었어요. 그 사람도 바로 오니까 할 게 없으니까 킴스전기 매니저를 하고 있었어요. 거기서 눈이 맞았어요. 〈구술자 웃음〉 그래서 결혼을 했죠.

킴스전기에 뭘 사러 갔는데, 눈이 확 뒤집어지게 보이더라구, 저 사람 너무 멋있다, 이렇게. 그 사람도 나를 봤는데. 그때는 [로스앤젤레스 코리아타운에 한인가게] 술집이 몇 개밖에 없었어. 일하는 총각 3명이 맨날 일 끝나고 붙어 다녔나 봐. 〈투마로우〉tomorrow라는 나이트클럽, [한인가게 나이트클럽은] 하나밖에 없었어. 웨이트리스들하고 같이 간 거야, 우리도.

"구술채록자: 따로따로 간 거구나~."

응, 거기서 눈이 맞은 거야, 이미 [킴스전기에서] 봤는데. 그 다음 날은 내가 막 [투마로우에] 가자고 했어, 친구 하나만 데리고. 그 남자도 생각이 나니까 또 온 거야, 또 거기서 만난 거야. 차마 말은 못하고 왔는데.

내 친구가 눈치를 채고 그 다음에 바깥에서 밥을 먹게 약속을 잡아놨더라고. 둘이 만났는데, 두 번 만나니까, 여섯 살 젊다는 거예요. 말이 안되잖아? 나는 어리게 보이는 스타일이었기 때문에… 뭐가 어떠냐고 그러더라고요. 그래서 그냥 만났어요. 11월 달에 만났나. 두 번째 [만나서] 길거리에서 뽀뽀를 하고 가는 거예요. [나중에는] 어디 가서 쉬고 싶다고 꼬시는 거야. 그 다음에는 같이 살자고 그러더라고. 그 사람은 [교회] 주일학교에서 자란 사람이에요. 여자라고는 한 명만 만났고. 나는 연애경험이 많은데. [그 사람은] 소심하고 얌전하고, 얼굴은 잘 생겼는데, 그런 사람이에요. 좀 거친 여자를 만났나 봐. 그 내용은 잘 모르겠고. 하여튼 그렇게 용기 낼 사람이 아닌데 막 그렇더라고요.

자기 집에 데리고 갔는데, 집은 전형적인 권사님 가정이에요. 어머니가 [결혼은] 절대로 안 된다고 그러니까 5박 6일 묵비권 행사를 하고 방에 처박혀 있었나 봐요. 그러니까 아버지가 그냥 데려와 봐라 그래서 갔는데, 아버지가 서른두 살에 척추를 다쳐서 집안에 계시는 사람이에요, 미국에 어떻게 이민은 따라 왔는데. 엄마는 장사를 할 성격이 아닌데, 그러면서(장사를 하면서) 애 셋을 키운 거예요. 애들이 꽉 주눅이 들어있는, 그런 스타일이에요. [내가 집에 갔을 때] 시어머님은 나오지도 않으시더라고. 어쩌다 결혼했어요, 시아버지가 밀어붙여 가지고.

우리 아빠 애를 가졌는데, '나는 결혼할 입장이 아니다.' '왜?' 사실은 이만저만하다(유산하고 파혼했다) 하니까, '그게 무슨 문제냐, 다 지나간 일 아니냐.' 이러더라고. 임신 3개월 때 결혼을 했어. 그러니까 시아버지 시어머니가 [내가] 마음에 안 들지. 할 수 없지 뭐. 결혼은 87년 9월 5일 한인침례교회에서, 목사님이 주례 서고. 그 사람이 총각 때 그 교회에 나가고 있었어요, 자기 일하는 데 맞은편에. 원래 장로곤데, 아침에 빨리 출근해야 되니까 [침례]교회 예배를 보고.

애를 낳아야 되는데, 또 제왕[수술]을 해야 되잖아. 날짜를 맞춰야 되잖아. 88년 2월 18일, 음력으로 1월 1일로 날짜를 잡아놓고, 하루 전에 산부인과에 들어갔어. 시어머니가 애 낳는 거 어떻게 됐냐고 전화로 물어보니까, 애 아빠가, [산모가] 열여섯 시간 진통하고 있는데 [제왕절개수술을 해야지] 안되겠다고 뺑 친 거야. 전혀 모르지, 우리 애도 몰라.

근데 결혼생활이 파란만장해요. 있을 수도 없는 일이 있었어요. 왜냐하면 이 남자가 스크리밍screaming하는(비명을 지르는) 여자들에 대한 어떤 데미지damage(손상)가 있었는지, 비포before(예전)에. 아니면 그런 꼴을 못 봤는지, 아니면 어떤 브레인brain(뇌)의 작용에 의해서. 중학교 때 대걸레로 맞아 가지고 머리가 딱 찢어졌대. 그래서 자기가 선언을 했대, '하나님, 나 살게 해주면 하나님을 위해 일하겠다.'고. 전두엽이 망가지면 사람이 순간적으로 돌변해서 자기도 모른대잖아, 근데 이 남자가 그랬어요.

가정적인 결함이 있는 사람인데, 앵거 컨트롤anger control(분노 조절)이 안 돼요. 왜냐하면 아버지가 휠체어에서, 하반신 마비인데, 그 사람(남편) 세 살 때 그렇게 돼 가지고. [남편은] 삼 형제 중에 중간인데. 그 어머니는 그냥 기도만 하고 사는 사람이고. 아버지가, 결혼해서 갔는데, 막 던지고 그러더라고. 난 이해를 못했는데, 그런 게 작용을 해서 실수를 하더라고, 부순다든지. 자기도 모르겠대. 머리가 옛날에 중학교 때 깨져가지고, 열렸다가 닫혔어요. '당신은 머스트 비must be(틀림없이) 전두엽이 고장 났다, 그러니까 정신과를 가 봐라.' 그런데 절대 어그리agree(동의) 안 하죠.

결혼 초에 하루 안 들어오는 거야. 내 상식으로는 있을 수 없는 일이야. 그래서 후배 아파트 집에 가 가지고 내가 막 소리치니까, 나와서 기겁을 하듯이 나를 보는 거야. 어떻게 후배하고 일이 있어서 그러는데 네가 어떻게 그런 액션action을 취할 수 있느냐고 쇼크shock 먹었다는 식으로. 그 다음에는 남동생하고 디스커션discussion(상의)을 하는데, 그 애를 막 회유하고 있었나 봐. 내가 카라반caravan을 타고 있었는데, 지루하니까 빨리 가자, 가자 [했어요], 내가 신경질이 있어요. 신경질을 내니까 [남동생] 아파트에서 내려오자마자 [내가] 애를 안고 있는데, 따귀를 몇 번을 때리는 거야. 그거부터 시작해서 하여튼 결혼생활 중에 그런 액션을… 맨날 그러면 살겠어요?

그런데 남동생이 그걸(따귀 때린 걸) 알고 나중에 반쯤 죽여 놨다고 그러더라고. 그런데 둘 다 말을 안 해서 30년쯤 지나서 알았어요. 그런 거부터 시작했는데, 분노가 폭발하면, 깨는 거. 결혼생활 하면서 1년에 한 번 정도, 참다가 참다가 폭발하는 거. 크게 두 번 그런 것도 있었고, 살면서. 나는 그런 성질에 맞게끔 한다, 이런 것도 용납하는 건 됐는데, 용서는 못하겠더라고.

손찌검 한두 번은 있을 수 있어요. 나는 그런 게 문제가 생겼었지. 계속 톱니바퀴가 안 맞듯이, 계속 결혼생활이 태클tackle 걸고 풀어지고 걸고 풀어지고. '네가 감히 나한테 이럴 수 있어?' 하니까. 그 애(남편)는 평소에는 완전히 하인이 따로 없다가도 어느 순간 지점이 되면 폭발하고 실수를 하고. 나중에는 막판에는 아들이 장성했으니까, 아들이 [때리려는] 아버지 손을 잡으니까. 내가 그걸 유도한 거야. 자기가 비굴한 모습을 볼 수밖에 없어, 그런 액션이 나오면. 완전히 진흙탕 바닥, 부부가 한집에서 말을 안 하고 사는 게 한 4, 5개월. 이 남자를 쫓아냈다가, [이 남자가] 다시 들어왔다가.

장사하는데 [이 남자가] 꼬장 피는 거야, '나 장사 안 한다.'고. 내가 형편없이 대하니까, 병신이라 그러니까. [이 남자는] 집에서 안 나오고. 난 혼자 멕시칸Mexican 데리고 장사를 하고, 난리법석을 치고. 둘 다 성질이 개떡 같아. 집이 넘어가고, 장사는 다운down되고(안되고), [결혼생활이] 다 깨지게 생겼고, 이혼서류 들고 다니고 그러니까 그 사람이 기를 못 쓰더라. 나는 독해 가지고 하는데(견디는데), 남자 얼굴을 보잖아요, 괴물같이 변하더라고요. 텐션tension(긴장)이 있어 가지고 완전히 고통 그 자체야. 나는 견디는데, 남자는 못 견디더라고. 보면 미쳐가는 게 보여요, [그 남자] 얼굴이.

견딜 수가 없어 내가 나갔어. [그런데] 다시 시작해보자 해서 또 집을 하나 얻었어. 그러다가 한 달 만에 또 어깃장이 나서, 나중에 내가 그 사람 가랑이를 붙들고 '나 좀 놔줘.' 그렇다고 개 패듯이 맞은 건 아니야. 지금 생각하면 단칼에 그만 두어야 하는데 왜 못 그만 두냐면, 먹고 살 앞날이 무서운 거야, 둘 다. 끄나풀이 끊어지기 전에 그 애도 무섭고 나도 무서운 거예요. 내가 마지막에는 바짓가랑이 붙잡고 '이건 사람 사는 게 아니야, 제발 나 좀 놔줘.' 그 남자 어깨가 원래 높은 편은 아닌데, 육안으로 봐도 어깨가 뚝 떨어지더라, 그 순간에, 체념 비슷하게. 그 애는 이혼할 타입type도 아니거든요.

지금 생각하면 내가 그렇게 심했다는 생각이 아직도 안 들어. 그 사람의 성향이나 환경이나… 뒤집어서 보면 또 나도 너무 심했어. 사람이 악이 받치면 악순환이 거듭되는 거 있잖아요? 그때 나 슬픈 건 말도 못해요. 완전히 진흙탕을 헤매면서 살았어요, 결혼생활 결국 정리되고….

또 이야기할 게… 내 탓이에요, 따지고 보면. 그전에는 [내가] 무지한 스타일이었지. 애 아빠도 만족을 못하는 부분이 있어요, 나한테 대해서. 그렇지만 내가 그 사람보다 못하다는 생각은 안 해요. 그 사람은 지적인 사람이에요. 항상 많이 싸우고 그랬는데. 지식적인 거 하고, 뭐죠? 인텔리….

"구술채록자: 지혜요?"

지혜하고는 다른 부분 아니에요? 나는 그쪽으로 발달했어요. 굉장히 오픈된 가정에서 자랐거든요. 제가 잘난 게 아니라, 스스로 다른 부분이 있어요. 아버지가 그런 분이셨고, 집안이 그런 편이었기 때문에. 아버지 쪽으로 영향을 많이 받았어요. [아버지가] 이북사람인데, 굉장히 지적인 분이시고.

아버지가 특이한 게 뭐냐면… 우리 큰아버지가 옛날에 서울대학교 백과사전이라고 그랬대요, 롱 롱 타임 어고long, long time ago(오래전)에. 그러다가 원스타one star(준장)로 예편해 가지고 ○○비료공장 초대사장을 했어요, 서른 몇 살에 했어요. ○○비료공장, ○○화학, ○○제철 사장을 했고. 난(우리 가족은) 그쪽으로 따라 다녔어요, 사택으로. 아버지는 능력이 있었는데 형이 너무 잘 나가니까, 우리는 따라 다니기만 했는데.

아버지는 평범하게 살면서 책만 읽었어요. 일본 책만 읽었어요, 평생. 한국 코스모스백화점 뒤에 달러 시장에 가면 일본 책을 팔아요, 질로. 어릴 때 기억으로, 일본 책은 작아요, 질로 사 가지고 끈으로 묶어 가지고. 그런데 술을 많이 드셨어요. 술을 드시면서 책을 보세요. 난 그게 평생 [아버지] 이미지고, 그 사람 머리에 뭐가 들어 있는지 모르고. 암으로 65세에 돌아가셨어요. 참 특이한 분이셨어요. 그(일본) 책은 필요가 없잖아요, 우리는 못 읽으니까. [아버지] 친구들이 가져갔어요. 그런 히스토리history가 있고. 아버지 루트root(뿌리)가 있어 가지고, 난 교만한 게 있어요. 난 특이한 여자답게, 촌스럽게 왔다갔다 안 한다, 그런 게 있고.

또 하나 말할 게 제가 술을 잘 먹어요, 옛날에. 그 남편도 술을 같이 먹고 자기도 담배도 피면서, 내가 술 마시는 거에 대해서 항상 '당신 그만 먹어야 되는데, 좀 줄여야 하는데.' 하면서 계속 프레셔pressure(압박)를 주는데. 근데 나는 술꾼이에요, 아버지 닮아 가지고. 술하고 안주하고 [맞춰서] 먹는 걸 너무 좋아해요. 술을 먹어도, 와인 먹으면 고기, 생선 먹으면 사케, 이렇게 딱딱 맞춰서 먹는 스타일이고. 그렇다고 술을 몇 병씩 먹지는 못하지만, 술을 즐겨.

갈등이 막 있으니까, 애리조나 와 가지고. 남편이 싸우면 말을 안 해요. 교수님(구술채록자), 싸우면 말 안 하는 성격이에요?

"구술채록자: 한국남자들 다 그래요."

지혜로운 여자 같으면 그걸…. 내가 한 성격을 하는 데다 무지한 데다 성격을 이기지 못하니까 분노가 증폭이 되는 거예요, 그 남편으로 인해서. 그때 당시에는 내 스스로의 문제인지 자각을 못하고 그 남자를 블레임blame(비난)하잖아요? 나 혼자 스스로 너무 고통스러워서. 한국 드라마 보니까, 젊은 사람들이 부부간에 못살아 가지고 그러면, 나 같더라고요. 내가 형편없이 그랬어요.

그 남자가 질려 가지고 도망간 거지. [나는] 괴로우니까 와인 한 잔 먹고 자고. 나중에는 반 병, 한 병. 한 십칠팔 년 전부터, 우리 애가 요만할 때니까. 그때부터 남자가 말을 안 해요, [나는] 속 뒤집어지니까 술을 먹는데. 〈구술채록자한테 묻기를〉 술 좋아하세요? [나는] 여잔데, 나 정말 하루도 안 먹은 적 없어요, 15년 동안. 그러니까 혼자 먹는 거지, 거의 알코올 중독증인데. 나중엔 소주 한 병. 소맥? 소주 한 병, 맥주 한 병, 그게 내 주량이더라고. 그러다가 조금 심각해졌어요. [아니] 심각해진 건 아니고, 건강은 타고 났더라고요. 일하는데 지장은 없는데, 항상 기분이 안 좋은 상태인데. 난 속이지도 않고 그러니까 남들이 술꾼인지 알아요.

———

지원은 이혼 이후의 삶이 복잡하다고 이야기했지만, 미국에서 결

혼한 후 이혼하는 과정 역시 그녀의 복잡한 삶을 보여준다. 결혼생
활 중 남편의 가정폭력에 시달리기도 하면서 부부가 자주 싸운 끝에
이혼했다. 지원과의 세 차례 인터뷰에서 이혼하게 된 과정에 대한
이야기를 주로 듣게 되었다. 그녀는 이혼 탓을 우선 남편에게 돌렸
지만, 본인 탓도 인정을 했다. 아버지의 영향으로 교만하고 "특이한"
여자라고 자신을 생각하는 그녀는 술을 많이 마시고 자신도 남편처
럼 성질을 이기지 못했다고 이야기했다. 그녀는 자신이 교만한 여자
라는 것을 자아 정체성의 특이한 면으로 여겼다.

　지원은 결혼을 1987년에 했다는 이야기는 정확하게 했지만, "26
년"간 결혼생활 끝에 이혼했다는 말만 했지 언제 이혼을 했는지
정확하게 이야기하지 않았다. 생애연보를 정리하면서 페이스북 메
신저로 질문을 하자, 이혼은 2012년에 했다는 답변을 받았다. 지원
은 답을 해주면서도 왜 이러한 '디테일'detail이 필요한지, 신상이
다 공개되는 것은 아닌지 걱정을 했다. 구술채록자는 구술자가 구
술공개 동의서를 작성할 때야 구술자의 출생연도를 알았을 정도였
기에 구술자의 신상이 되도록 드러나지 않도록 최선을 다하겠다고
답했다.

3 미국 이민

　난 굉장히 솔직하잖아요. 저는 가리는 게 없는 사람이에요. 한국
사람치고 나같이 이렇게 오픈 마인드open mind해서(마음을 열고) 사
는 사람 별로 없을 거예요. 아이 돈 케어I don't care, 난 상관없어요.
다른 사람들은 이야기하려고 해요? 안 하죠.

"구술채록자: 아버지가 [미국에] 어떻게 오셨다고 지난번(1차 인터뷰 때)에 얘기했나요?"

　미국에 아버지가 온 게… 참 파란만장하죠. 왜냐하면 어머니가 좀 날라리예요, 우리 엄마가. 〈구술자 웃음〉 아버지하고 조금 격이 달라요. [아버지가] ○○화학 부장으로 있었는데… 엄마가 돈을 많이 뿌려놓고, 이자 이런 게 연결이 돼 가지고. ○○화학 사택이면 연고대 나온 사람이 많이 있는데, 그런 집집마다 돈으로 연결이 돼 가지고, 나중에 보니까. 아버지가 몰랐던 거예요. 돈(월급)이 차압당하고 이러니까, 아버지가 거기서 퇴직금을 좀 가져야지, 아이들 장래도 있고 이러니까. 합의이혼을 해서 클리어clear(청산)하게 하려고 78년에 야반도주로 서울에 왔죠.

　근데 퇴직금이 얼마 되나요? 그때부터 완전히 상황이 바뀐 그런 삶이 시작됐죠. 부부 간에는 그런 게 있으니까, 엄마가 그래도 자기 잘못을 인정하나요? 그 정도 상황 되면…. [엄마는] 보험 한다고 그러면서 서울에서, 계속 잘 안되니까, [부부가] 마음이 안 맞으니까, 그런 상태로 있는데, 아버지가 혼자 미국에 와 버렸어요. 그때 친할머니가 계셨거든요, 미국에. 고모도 미국에 계시고. [아버지가 미국에] 그냥 들어와 버렸어요, 온다간다 말도 없이. 이혼은 했지, 그러니까 엄마는 완전히 쇼크를 먹었지. 그 정도는 아닌 줄 알았는데, 남자가 정이 떨어지면 그러나 보더라고.

　고모가 형제 초청을 해서 아버지 혼자 왔어, 미국에. 그리고 아이들만 초청을 한 거야. 우리 삼형제가 오고. 아버지는 어떤 사람하고 재혼 비슷하게 해 가지고 시민권을 따 가지고 우리를 초청했지, 우리만. 내가 시민권을 따 가지고 엄마를 [초청해서], 15년 만에 왔죠, 미국에. 그런 사연이 있었어요.

112

"구술채록자: 아버지는 미국에 언제 오셨어요?"

내가 여기에(미국에) 84년에 왔는데, [아버지는] 3, 4년 전에 온 것 같애, 80년도 정도. 할머니가 '여기 미국의 어떤 여자를 소개해줄 테 니 너 빨리 와라.' 어떤 사람하고, 할머니가 소개를 해줘서, 아버지가 재혼을 했어요. 그 사람이 엘에이LA에서 수십 년 산, 미장원 하는 여자였어. 아버지보다 나이가 더 많은 여자 같은데, 어떻게 생존할 방법이 없으니까 할머니가 소개를 시켜줘 가지고 아버지가 왔는데. 아버지가 워낙 멋있어요. 보자마자 그 여자가 돈을 대 가지고 콘도 condo(아파트)에 가서 살고. 〈구술자가 아버지 사진을 보여줌〉 그 여자는 미장원에서 억척스럽게 그렇게 산 [여잔데], 그래도 화려하긴 화려 하더라고요. 아버지가 생존 때문에 그 여자랑….

[아버지가] 아이들을 초청했는데… 처음에 오니까 [아버지가 우 리보고] '[새어머니랑] 잘 지내야 된다.'[고 이야기했죠.] 할머니가 조금 돈을 대서 그 여자와 합작을 해서 엘에이 한국타운(코리아타운) 이 아니라 오렌지카운티에 조그만 리쿼 마켓liquor market(주류소매점) 을 〈리스리쿼〉Lee's liquor라고, [아버지가] 이씨니까, 거기서 우리(나 와 여동생)가 초청해서 들어오기 전에 [주류소매점 장사를] 하고 있 었어요. 엘에이에 내 동생하고 둘이 왔어요, 남동생은 군대 가고. [미국에] 들어와서 거기(오렌지카운티)로 갔어요, 그 여자는 아직 못 보고.

그때는 [아버지가] 결혼한 상태지만, 할머니가 투자를 했으니까, 연로한 상태니까, 할머니랑 아버지가 같이 투 베드룸two bedroom인 가 원 베드룸one bedroom인가에 계셔. 리스리쿼가 길 건너편에 있어 요. 그 맞은편에 아파트가 있어요. 거기서 길을 건너 왔다갔다하면 서 장사를 하고 있는 거예요. 우리가 거기를 갔어.

오자마자 그 다음날부터 아침에 가게에 갔어. 영어도 못하고 그러는데. 아버지가 혼자 하시는데, 할머니는 도운다고, 연세가 드셔 가지고 80이 거의 됐으니까 할머니도 왔다갔다. 그 여자는 [엘에이에서] 미장원을 하니까 가끔 왔다갔다하나 봐. 운전을 [잘]하지 못하는데 장갑을 끼고 운전해서 왔다고 한 번씩 들리는데, 여자가 세게 생겼고, 딸이 왔다니까 이렇게 쳐다보고 그러더라고. 둘(나와 여동생)이 [리스리쿼에] 왔다갔다하는데, 스트레스가 쌓이는 거야, 갑자기. 말이 안되는 거야, 그 생활 자체가 아무 것도 없는 거야, 왜냐면 길 건너갔다가 오고, 기가 막힌 거야.

아빠가 운전을 배워주다가 내가 브레이크를 잘못 밟아 가지고 기겁을 하신 거야. [그래서] 한국타운의 운전학교에서 배워서 운전면허를 따고. 여동생이 참 야물딱지고 똑똑하거든요. 난 공부를 안 해서 별로지만… [그런데] 운전면허 시험을 보면 나만 딱 붙고. [내] 성격이 그런 가 봐요. 시민권을 딸 때도 나는 공부도 안 하고 갔는데, 초대 대통령이 누구냐고 그러면 내가 '어~~' 그러면 수염이 허연 할아버지가 '링~~.' 〈구술자와 구술채록자 웃음〉 내가 사람하고 말을 바로 잘하고 그런 게 영향이 있나 봐요.

아빠가 이젠 안되겠으니까 한국타운에 하숙집을 얻어서 둘(나와 여동생)을 내보낸 거야. 둘을 데리고 있을 수 없는 거야, 말만한 애들을. 둘이 하숙집 방 한 칸에 있는데. 그 집이 하숙을 치려고 만들었는데, 들어가면 입구에 아무 것도 없고 방만 하나, 둘, 셋, 넷, 네 개 있어요. 안방에는 주인아줌마 있고, 우리 방 여기 있고, 학생 있고, 제일 끝에는 의사가 있어요. [주인은] 딸 하나 아들 하나 데리고 있는데, 남자들이 왔다갔다하면 안마를 해주고 돈을 버는 아줌마더라고요. 별 거를 다 하고 살더라고요. 그것도 모르고 들어갔는데. 학생은 부잣집 아들이에요, 집이 멀어서 학교 다니느라. 의사는 의사 디그리degree(학위)를 땄나…. [하숙집에서] 맨날 술판을 벌인 거야.

그러다가 둘(나와 여동생)이 싱글 베드룸single bedroom을 코리아타운 있는 데 얻었어요. [미국에 올 때] 우리 여동생이 한국에서 남자친구를 사귀다 들어온 거예요. 남자친구가 누구냐면, 집안은 평범한 집안인데, 엄마가 쇼오프show-off(잘난 체) 하고 그러는 사람인데. 연애하다가 오니까 애가 거기에 몰입해 가지고 어쩔 줄 몰라, 그쪽에 완전히 스틱stuck되어(빠져) 있고. 그래서 결국 1년인가 2년 있다가 [여동생이] 남자를 초청한 거야, 한국 나가서 결혼해 가지고. [여동생과 나는] 여섯 살 차이인데, 그때까지 나는 싱글single(미혼)이었는데.

같이 살다가 남자(동생 남편)가 들어오니까 남자는 그 집에 살고, 난 길 건너편에 싱글 베드룸, 정말 들어가면 의자 하나 놓고 텔레비전 하나 놓으면… [공간이 없는 방]. 웨이트리스waitress 하고 있을 때인데 동생 남편이 왔으니까, 나는 건너편에 아주 조그만 데[서 살았지]. 그때부터 내가 우울증, 혼자 있고 그러니까 너무 외로움을 타는 거예요. 웨이트리스 뛰고 들어와서 양주를 먹고, 밤새 한국 드라마 비디오를 꼴딱 새면서 보고, 다음날 또 일 나가고, 밤새 술을 먹고. 여자들하고, 웨이트리스들하고 밥 먹고 있는데 내가 이상한 소리를 하는 거야. 너무 과도하게 술을 먹어서.

나는 감당을 못해서 [동생한테] 전화를 하잖아요, 걔는 신혼이잖아요. '아우, 언니~~' 그러면 나는 자존심에 '오케이OK, 알았어.' [전화를] 끊고는 근처에도 못 가는 거야. 그랬는데 제부가 하루 오더니, 동생한테 '언니 저렇게 놔두면 안되겠다, 사단 나겠다.' 그래서 [동생네가] 근처 투 베드룸two bedroom 아파트로 옮기면서 내가 방을 하나 썼어요. 잠깐 같이 산 거야.

"구술채록자: 집안에서는 고모님이 미국에 제일 먼저 왔어요?"

그죠. 고모님이 이대 영문과 나왔는데. ○○비료공장 초대사장을 우리 큰아버지가 했을 때, 그때 박통(박정희 대통령) 때니까, 서른두 살에 무슨 ○○비료공장 사장을 해요? 근데 시대적인 것 때문에. 큰아버지 회사에 우리 아버지가 과장으로 가 있고. 거기서 제일 유능한 남자, 서울대학교 나온 사람과 선을 봐 가지고 고모가 결혼을 했어요. 우리 아버지는 과장인데, 그 사람은 부장으로 사택에 같이 살았어요.

어느 날 고모가 와 가지고 엄마한테, 〈구술자 웃음〉 '언니, 남자는 어떻게 하는 거야?' 묻는 거야. 보니까 [고모부가] 성기능이 안되는 남자였어. 사원 사진을 봤는데, 너무 잘 생겨 가지고, 그 어린 마음에도 고모부가 제일 잘 생긴 사람이라고 내가 그랬어요. 그런 문제가 있어 가지고 이혼을 하고, 고모가 혼자 공부해 가지고 유학으로 [미국에] 온 거야.

[고모는] 미국에 와서 한국남자와 재혼을 했는데, 어머, 재혼을 했는데, 막 폴리스police(경찰)도 부르고 결혼생활이 마땅치가 않아 가지고…. 그런데 [고모가] 굉장히 멋있고 똑똑해요. 우리 집 여자들이 사실 나랑 비교도 안 돼요. 그런데 [고모네] 결혼생활은 잘 모르겠어요. 내가 서울에서 한번 약혼을 한 적이 있는데, 내가 ○○방송 다닐 때 연애를 해서. 그 남자가(약혼자가) 싱가포르 지사에도 가고 뉴욕지사에도 오고 그러던 남자인데, 나이는 동갑인데, 그러다가 나는 파혼을 한 거야. 그 남자가 고모집을 방문했는데, 분위기가 너무 이상하더래, [고모네는] 뉴저지에 사는데. 애를 둘인가 낳고서 이혼을 했는데, 이혼을 하고 한참 계시다가 쥬이시Jewish(유대인)하고 결혼했어요, 다시. 그분(고모)만 살아 계세요.

아버지가 94년도에 돌아가셨어요. 그때 고모가 한번 왔어요. 육십이 넘은 여잔데, 참 자기관리는 철저하게. 우리 동생 집에서 머물렀는데, 아침에 완전히 다 셋업set up(준비)을 하고 나오지, 그냥은 안 나오더래. 그 정도로 자기 쇼 업show up 하는(외모를 차리는) 게 중요한 사람이고. 어리석죠, 불편하게 남을 의식만 하고 살던 사람.

큰아버지도 미국에 오셔 가지고, 그 명예 다 내려놓고 형편없이 고전하다가 돌아가셨어. 옛날에 ○○비료공장 초대사장에다, ○○비료공장 사장, ○○화학 사장, 그때까지 좋았었는데. 그런데 큰엄마가 고대 나온 사람이에요. 큰엄마가 날라리 비슷해 가지고 장관 사모님들이랑 모여 가지고 잠옷 바람으로 마작을 하고, 그게 육영수 여사한테 들어간 거야. 갑자기 큰아버지가 좌천이 되니까, ○○기업 사장 하고 있었는데.

좌천이 막 되니까 있는 돈을 끌어와 가지고 큰아버지와 큰어머니가 뉴욕으로 이민을 온 거야. 돈을 싹싹 긁어 가지고 큰 카페테리아 한다고, 장사도 한번 안 해본 사람이. 그러다가 쫄딱 망한 거야. 그런 사람이 미국에서 투 베드룸two bedroom에 네 명이서 침대를 놓고 자고 있더라니까요. 그러다가 우리는 암 인자가 많아 가지고, 다 암으로 돌아가셨어. 그런데 이북사람들이 냉정해요. 〈구술채록자에게 묻기를〉 어디 사람이에요?

"구술채록자: 저는 태어난 곳이 전라도."

엄마가 전라도 순천 여자거든요. 전라도같이 끈끈한 이런 가족애, 절대 없어요, 이북사람들은. 각박해서 그런가 봐, 넘어와 가지고. 너무 냉정하고, 가족끼리 만나지도 않고, 가족끼리 돈 거래를 한 적도 없고. 우리 형제들도 그래요. 외로운 거를 막 자초하는 사람들 같아요.

————————

지원은 1차 인터뷰 시작 부분에서 아버지가 초청하여 미국에 왔다고 매우 짧게 이야기했다. 계속된 1차 인터뷰에서 언제 미국에 왔는지 묻자 그녀는 1984년에 왔다고만 짧게 대답했다. 그녀를 비롯한 가족이 언제 어떻게 미국에 오게 되었는지에 관한 자세한 이야기는 2차와 3차 인터뷰에서 구술채록자의 질문에 답하면서 나왔다.

지원네 가족 중 제일 먼저 미국에 온 사람은 유학으로 온 고모였다. 시민권자가 된 고모가 초청하여 지원이 할머니가 오고, 그 후 아버지가 미국에 왔다. 시민권자가 된 아버지는 지원을 비롯한 자녀들을 초청했다. 지원이 시민권자가 된 후 어머니를 미국으로 초청했다. 지원은 어머니가 미국에 "15년 만에" 왔다고 이야기했다. 몇 년도에 어머니가 왔는지 인터뷰 때 이야기를 하지 않았지만, 나중에 페이스북 메신저로 질문을 하자 1992년에 왔다고 답했다. 따라서 15년 만이라는 이야기는 아버지와 어머니가 1978년 이혼을 한 후 15년이 지난 때에 어머니가 미국에 왔다는 이야기이다. 투자이민으로 온 것처럼 보이는 큰아버지네 가족은 언제 왔는지 확실하게 알 수 없다.

지원은 로스앤젤레스에서 애리조나주로 이주한 후 부부간의 갈등이 많았다고 이야기했다. 신혼 초기에 캘리포니아주 오렌지카운티에서 꽃집 장사도 했었지만, 부부는 애리조나주에 와서 본격적으로 장사를 했다. 1차 인터뷰 때 구술채록자가 중간에 끼어들지 않았던 인터뷰 시작 부분에서 지원은 "어떻게 애리조나로 옮겼"다고만 이야기 했다.

내 얘기를 평생에 걸쳐 다 했네.

"구술채록자: 애리조나로 옮긴 이야기는 자세히 안 했어요."

애리조나로 옮긴 이야기는… [남편은] 남의 집 살이 하면서, [나는] 웨이트리스 하면서 살다가 결혼하고. 애를 낳으니까 웨이트리스 관두고. 오렌지카운티에 꽃집 하나 나왔다고 해서 샀는데, 거기에서 철사에 애가 막 끼고. [꽃집] 장사도 안되니까 1년 만에 걷어치우고, 엘에이LA로 다시 와 가지고. 빅 식스 마켓Big 6 Market인가,[1] 완전히 무법지대 안에, 이 사람(남편)이 매니지먼트management(관리)를 했는데, 새벽에 총 차고 들어오고 나가고 이래요. 나인완완9·11 폭동(4·29 폭동) 일어났을 때, 나는 집에 있는데, 전화가 왔는데. 지금 난리 났다고, 지붕에서 총 들고 대치하고 있다고.

"구술채록자: 애 아빠가 총 들고 지붕에 올라가서…."

예, 올라가서 바리케이드 치고 그랬단 말이에요.

내가 웨이트리스 뛰니까 돈이 들어와. 걔가(남편이) [한 달에] 2천

---

1) 빅 식스 마켓Big 6 Market은 코리아타운에서 동쪽으로 그리 멀지 않은 곳에 있는 미국 식료품 잡화점 가게이다.

불 벌었으면, 나는 4천불 벌었을 거야. 생활은 하고 싶은 대로 다하고, 젊으니까. 집은 못 사도 생활비는. 그렇게 몇 년 살았는데, 애아빠가 애리조나에 누가 있다고, 자기를 인바이트invite(초청)해서 신발가게 매니저로 오라고 그러는데 어떠냐. 그래서 이주한 거지. [애아빠가] 한 달 먼저 하숙 하면서 집을 구하고, 한 달 있다 [내가] 유치원 다니던 애 데리고 오고.

가족은 엘에이에서 다 살아요, 여동생 형제, 남동생 식구, 엄마. [엄마는] 연세가 팔십 몇 살이신데. 저만 여기 살고.

"구술채록자: 이혼한 후 왜 엘에이로 안 가시고 계속 여기 살아요?"

[엘에이는] 생활비도 비싸고, 내가 잘 살다가 헤어진 게 아니고, 뱅크럽트bankrupt(파산)하고, 집도 다 버리고….

————————

3차 인터뷰를 거의 끝마칠 때쯤 지원은 구술채록자에게 평생에 걸친 자신의 이야기를 다 했다고 했다. 구술채록자가 애리조나주로 이주한 이야기를 더 듣고 싶다고 하자, 그녀는 1992년에 일어난 4·29 LA 폭동을 언급했다. 그것도 2001년 뉴욕에서 발생한 9·11 테러로 잘못 말했다. 더군다나 "그렇게 몇 년" 살다가 애리조나주로 왔다고 이야기하니 4·29 LA 폭동이 애리조나주 이주의 직접적인 이유는 아닌 듯싶다.

지원네 가족은 4·29 LA 폭동 당시 자영업을 하면서 약탈과 방화의 피해를 본 것도 아니다. 4·29 LA 폭동 당시 위험한 지역에서 남편이 매니저 일을 하고 있었지만, 그녀 본인이 웨이트리스 일을 하면서 남편보다 더 많은 돈을 벌었다는 것을 강조했을 뿐이다. 지원네 가족이 1995년에 애리조나주로 이주하여 오랫동안 장사를 한 것을 보면, 그녀 가족은 자영업을 할 수 있는 기회를 찾아 애리조나주로 이주한 듯싶다(윤인진 2007: 164 참조).

4 한식당 웨이트리스

처음에 내가 한인여행사에 책임을 다해서 일하는 애티튜드attitude(태도)가 있다고 써 가지고, ○○여행사[에 들어갔어요]. 그(여행사) 남자가 싱글single(미혼)도 아니고 총각도 아니고 혼자였는데 나를 뽑았어. 뽑고 보니까 영어를 한마디도 못하고, 영어를 몰라 발권도 못하고 그러니까 리셉셔니스트receptionist(접수 담당자)로 가라는 거야. 리셉셔니스트로 가도 한국사람이 고객이었지만 일을 하나도 못하는 거야, 영어를 못하니까.

하루는 [여행사 사장이] 나를 꼬시는 거야. '미스 리, 나를 따라오라.'고. ○○방송 다닐 때도 4년 다녔는데, 약혼하기 전에 업무전무 비서를 했었는데, 그때도 꼬시더라구. '미스 리, 운전기사가 너희집에 갈 테니까 비원에 나와라.' 안 나갔어요. 그 다음부터는 입을 딱 다물더라고. 비서실의 분위기가 섬씽something(무엇)이 있었던 것 같애. 여행사 사장이 산타모니카Santa Monica 바닷가에서 '밥 좀 도와주면 안 돼?' 날 꼬시는 거야. '관둬라.' 그 다음날 [여행사를] 그만두라는 거야.

올 때 400불 가지고 와서 앞날이 깜깜하고, 물론 아버지는 있지만,

뭐 벌어야 될 거 아니야. 홀세일wholesale(도매)하는 아는 아저씨가 있
는데, 그 사람이 웨이트리스 하면 돈을 잘 번다는 거야. 그래 가지고
〈우래옥〉에 갔어요. 웨이트리스 시켜달라고 했더니, 바로 되더라고.
그때 내 허리가 22인치, 23인치였는데. 어머, 이~만한 쟁반에다, 고
대, 연대, 이대 나온 여자들이 거기서 뛰기 시작하는데, 이~만한 트
레이tray(쟁반)를 들고 방방 뜨고 다니는 거야. 그걸 한 3년을 거기서
했어요. 그때 당시 [한 달에] 삼사천 불씩 벌었던 것 같애.

"구술채록자: 거기 손님 많잖아요, 우래옥에."

　예~. 삼사천 불 벌면서 인생이 그쪽으로(웨이트리스 쪽으로) 돌아가
기 시작한 거야. 그랬더니 평생 웨이트리스 하는 거 있죠.
　나는 나 자신의 그런 자존감이 많이 있어요. 그런 게 많이 있어
가지고, 한국에서[처럼] 일반적으로 겉으로 보이는 거에 개의치 않
고. 나도 여기서 한 20년 장사도 하고, [한인] 커뮤니티에서 이렇게
왔다갔다 사람들 알았으면서 장사도 하고, 맨날 남의 집 일하는 것
은 아닌데. 이런 데서(한식당에서) 이러고(웨이트리스로) 일하고 있으니
까, 왜 이런 데서 일하냐고 그러는 사람이 많은데, 소 홧so what(그래
서 뭐 어떻다는 건데)?
　왜 [웨이트리스를] 하냐면…. 저도 사실 내로라하면서 장사를 했
는데, [지금은] 후줄근하죠. 식당에서 서빙하고 있으면, 거의 아는
사람이 왔다갔다하면서. 나 장사 할 때부터 아는 사람, 노가다 해
준 컨스트럭션construction(공사하는) 남자, 교회 집사님부터 목사님,
다 알잖아요. 왜 여기(한식당) 사모님한테 [웨이트리스 일에 대해] 운
을 뗐냐면….

122

옷가게 하면서 남편이 사회적인 것이 부족하고, 역량이 부족하고, 교회에만 있는 사람이라서. 그 사람이 왜 그런지 모르지만 이상하게 나만 따라 다녀 가지고. 24시간 부부끼리 일했기 때문에 소셜social (사회생활) 그런 걸 많이 안 했어요, 교회만 갔다 집에 돌아오고. 그게 삶이었잖아요.

지금 [남편과의] 미국생활 생각하면, 갇혀 있었던 것 같아요. 난 아웃고잉outgoing하는(사교적인) 스타일이라서, 나는 미치는 그런 느낌을 많이 받았어요. 그렇다고 어디 놀러가자고 그러면 장사하는 사람은 또 그렇게 못 가요. 1박 2일, 고작 세도나Sedona, 세도나, 세도나, 엘에이LA.[2] [엘에이에] 시댁이 있으니까 시댁에 왔다갔다하고. 그게 삶의 전부였던 것 같아요. 그런데 남편 나름대로 애를 쓰지. 라스베이거스도 2박 3일 해서 갔다 와야 하구. 자기 나름대로, 못해주니까, 럭셔리하자 그래 가지고 호텔도 럭셔리한 곳으로 얻어가지고 부인한테 서비스 한다고. 많이 노력을 했죠, 나름. 그런데 꽉~ 어디 갇혀 있는 느낌. 소셜social(사회생활)이 잘 안되니까.

내가 30년 동안 미국 살면서, 남편이 굉장히 이상한 성격이니까 움직이지도(사회생활도) 않고 장사만 하는데, [내가] 교회에 인발브in-volve(참여)하기만 원하는데. 나는 교회사람이랑 잘 안 맞아요. 일요일 날 자기 사명이라고 [남편이] 움직이지 않는 거에 대해서 불만도 너무 많았고.

돈을 벌면 얼마나 번다고, 그 사람 돈 안 쓰는 사람이에요. [그

---

2) 애리조나주의 세도나는 명상과 휴양을 위한 유명 관광지로 구술자인 지원이 사는 도시에서 세도나까지 자동차로 약 2시간 30분 정도 걸린다. 지원이 사는 도시에서 로스앤젤레스 코리아타운까지는 자동차로 약 6시간 정도 걸린다.

사람은] 한 달에 육칠백 불, 애버리지average(평균적으로), 20년 동안 나가고. 내 용돈이 그만큼 됩니까? 울화통이 너무 치밀어 오르는 거야. 내가 원해서 그런 것(일요일에 장사 안 하는 것)도 아니고, 그 사람 생각 때문에. '같이 살았지만 네가 돈을 썼지, 내가 무슨 돈을 써? 너랑 나랑 장사하면서, 너는 네 것 다 썼잖아.' 이런 것부터 시작해서, 그랬어요.

그런데 그렇게 살다보니까 한 일이 없어요. 나는 교회도 싫어하고, 성격상 아줌마들끼리 막 어울리는 성향도 아니고, 독립적인 거고. 그러니까 남편하고 둘이만 24시간 살잖아요. 싸우면 외로운 거예요, 둘이 있으면서 외로운 거. [바깥과] 차단하고 있다 보니까 거의 20년을 외톨이로 살았다고 생각이 들어. 이민 커뮤니티에는 조인join(연결)이 되어 있지만, 그냥 알 뿐이지 누구를 딥deep하게(깊게) 사귀는 것도 아니니까. 반 미쳐요, 그런 여자들은.

미국사람들 상대로 지금 십 몇 년 [스시] 레스토랑 하고, 그 전에 미국사람, 멕시칸, 흑인 블랙Black 상대로 10년 넘게 옷 장사 하고. 그때 한국사람 만난 사람 한 명도 없었어요. 일하고 집에 들어가서 싸우고, 일하고 집에 들어가서 싸우고. 그렇게 살다보니까 정신이 약간 돌겠더라고요.

이혼하고 나서 나 혼자 [일하러] 옷가게를 많이 다녔어요. [아리조나 한인]문인협회에 조인join(가입)을 해 가지고 [한국] 사람을 만나야겠고, [한인] 볼링팀에 조인join(가입)하고. [한인] 교회는 가기 싫더라고요. 교회는 발을 끊고. 교회에 가서는 뒷다마나 하고, 즐거웠던 기억이 하나도 없어요. 그리고 교회 문화가 있기 때문에, 하여튼 나는 안 맞아요, 싫어요, 재미가 없어요. 그러면 갈 필요 없다 그래 가지고. 그 다음에 무슨 생각을 했냐면 [한국] 식당을 가 가지고 한국사람을 만나면 좀 답답한 게 풀리지 않을까. 미국사람들하고 사니까. [이혼 후 일하던] 옷가게도 [손님이] 미국사람만 있어요, 내가 지금 어디 갇혀있는 느낌이지.

아들 하나 있는데 걔가 바쁜 아이지, 어떻게 왔다갔다합니까? 친구들도 다 일해요. 일하니까 만나기가 어려워요, 노는 날도 같지 않고. 친구 몇 명 있는데, 장사해서 조금 그렇게 된 애들은 골프 치러 왔다갔다 그러는데. 여자들 모임이라는 건 그렇더라고요. 난 수다 떠는 거 별로 안 좋아해요. 그러면 한식당에서 일하면… 돈도 필요하고 그러니까. [한식당 사모님에게] 빈말로 '사모님, 사람 안 구해요?' 물어보니까, '그러면 도와주세요.' 그래서 하는데….

난 내 목적을 달성하죠, 저녁에 [한식당에서] 네다섯 번 왔다갔다 (홀 서빙) 하면. 옛날에 얼굴 안면 있는 사람 일부러 안 만나도 만나서 연결돼 가지고, 노는 날 놀러오라고 하면 놀러도 가고, 이런 식으로 삶을 조율하고 있는데….

맨날 웨이트리스나 하고 살던 사람도 아니고, 교회에서 알고, 비즈니스 하고 살던 사람인데, 왜 여길(한식당) 와 있나 이런 시각으로 보는데. 요즘에는 인식이 다 바뀌어서, [내가] '깜짝 놀랐나 봐.' [그러면 상대방 손님이] '여기에서 일하는 게 뭐 어때서?' 그런 게 칠팔십 프로예요. 그 외에는 조금 다른 시각으로. 머리가 없는 사람들이, 무식한 사람들이 그렇지. 뭐 어때서? 인지가 된 사람은 육십이 넘은 여자가 일할 수 있다는 것도 얼마나 고맙고. 돈 못 벌고 할 일이 없는 사람도 많아요, [일 해도] 주방 안에서나 일하지. 그래서 그걸(웨이트리스를) 선택했는데, 혼자 살면서 건강하게 지금까지 지낼 수 있다는 게, 내가 선택을 잘했구나. 그리고 킬링 타임killing time 하느라고(시간을 보내느라고) 일은 많이 하지요, 외로우니까.

지금 [회사 카페테리아에서 스시] 점심 장사를 하는데, [시작한지] 석 달 정도 됐어요. 첫 달에 5천불 떨어져. 여기서(한식당에서) 2천불. 〈구술자 웃음〉 대박이지, 나이 육십 넘은 여자가 어떻게 그렇게 돈을 벌어요. 그 전에는 옷가게 가서 스물 몇 시간 하면 천 몇백 불. 한식당에서는 그래도 웨이트리스 하면 팁이 많이 나와요.

보통 사람이면 [스시 점심 장사] 못해요. 둘을 써도 못해요. 난 요령이 있는데다, 일을 평생 해서 잘하는데다, 스피드가 또 있잖아요. 완전히 일로 몸이 그렇게 된 거지. 스시 집을 10년을 했잖아요. 자기집이니까 말기도 하면서 스시 하는 걸 배웠죠. 손재간이 있으니까, 그리고 행동이 빠르니까 나이치고는. 나이치고, 여자치고 일을 많이 요령 있게 해봤으니까 그런 스킬skill(기술)이 많이 늘어가지고. 처음 회사 [카페테리아] 가서 했을 때는 [매니저가] 좀 걱정했나봐, [지금은] 미국인 매니저가 시푸드seafood(해산물 코너)가 굿 잡, 굿 잡good job, good job(잘했어) 하면서 돌아다니더라고. 왜냐하면 다른 데는 컴플레인complain(불평)하는 데도 있었나 봐. 거기는 두 사람이 붙어서도 못하고 있더래요. 네트net로(순이익으로) 5천불 떨어지려면 엄청 빨라야 되요. 〈구술자 웃음〉

난 코너 하나 하는데, 그게 업 앤드 다운up and down이 있어요(좋다가 나쁘다가 해요), 사람 일은 한 치 앞도 모른다고. 가서 이제 대박이구나 [했는데], 만두가 중국 거 비슷한 건데 갑자기 대박이 나가지고. 스시를 더 많이 팔아야 하는데 만두가 많이 나가요. 시추에이션situation(상황)이 바뀌는 게 뭐냐면, 회사에는 2,700명이 있다고 하는데, 오는 사람은 [숫자가] 아침마다 똑~ 같아요. 3부제로 해가지고 사람이 왔다갔다하는 거지. 런치 박스lunch box(도시락) 들고 다니고. 이 사람들도 물론 최고의 잡job(직장)이라고 하지만 스시를 십 불씩

126

주고 턱턱 못 사 먹더라구. [매상이] 떨어지더라고. 아, 이거는 컨티뉴continue(계속)되는 게 아니구나. 내가 대박 났다고 혼자 이럴 게 아니고, 조금 있으면 장사 안되겠구나….

이것(스시 점심 장사)을 시도하는 게… 다들 '언니 나이에 어떻게 할 수 있냐?' '그냥 뭐 해보지.' 아들이 자기가 [스시 장사를] 해봤잖아요?3) '엄마, 절대로 못해, 왜 돈, 돈 하고 돈을 벌려고 그래?' '그게 아니야, 내 성취욕 그런 거지, 엄마 그렇게 돈 좋아하는 사람 아니잖아. 내가 해낼 수 있다, 그런 걸 내가 시도해보는 거니까.' 나 혼자 살아본 적 없으니까 해보겠다고 하는데, 쪼그만 코너 하나 하는데 비즈니스 라이선스business licence(영업허가증), 뭐 헬스 디파트먼트 health department(위생국), 굉장히 복잡해요, 그거 하는데. 그걸 다 했어요.

근데 상황은 역전됐어요. 그러면 어쩔 수 없는 거죠, 그럼 오케이 OK, 만두를 메뉴로 팔았다고. 하나도 힘 안 들이고 딱 튀겨가지고 놓으면 되는데. 만두가 반이 팔리더라니까요, 지금 한창 재미를 보고 있는데. 컴피티션competition(경쟁)이 있으니까 미국인 매니저가 '내가 오늘 메뉴 만두 하니까 너 팔지 마.' 그래서 내가 막 소리소리 지르면서 페어fair(공정)하지 않다고. 맨 처음에는 마음고생 많이 했어요. 거기 중간에 끼어서 하재니까. 걔는(매니저는) 자기 비즈니스는 아니지만 매니지먼트management(관리)를 하고 있으니까, 매상 떨어지면 자기 안위에 문제가 있으니까 그렇게.

미국에서 못사는 사람은 끝까지 못살지 모르지만. 난 한때는 돈이

---

3) 지원이 이혼한 후 부부가 하던 스시 레스토랑을 아들이 혼자 2년 동안 운영했다(이 장의 〈5. 아들〉 130-131쪽 참조).

좀 들어왔으니까, 풍요로운 거를 누렸던 시절은 있었더니, [한식당] 아줌마(여주인)한테 누가 그러더래요. '어머머, 저 사람이 옛날에는 여왕마마같이 하고 다녔는데.' 그렇게 이야기하더라고.

"구술채록자: 스시 집 할 때 돈을 가장 많이 벌었어요?"

아니요, 옷가게. 옷가게를 10년 정도 했거든요. 두 개 할 때, 돈을 벌었나? 그냥 썼던 것 같은데. 그래도 돈을 그렇게 낭비하지는 않았어요. 집, 차만 그렇게 됐지. 내 자체가 좀 알뜰한 성격이어서.

우리나라 사람이 편승하는 그 문화가 너무 심해 가지고. 너~무 미국의 교포들은 그러고 살아요. 그리고 쇼 업show up 하고(외모를 차리고) 겉으로 보이는 것 때문에 돈도 다 그렇게 해서. 어리석기 짝이 없게 좋은 차 사면서, 뼈 빠지게 일하면서 살고. 난 이젠 거기서 벗어나고.

"구술채록자: 한번 해봤으니까 그런 거 아니에요?"

그런가 봐요. 〈구술자 웃음〉

지원은 미국에 오자마자 그 다음날부터 "영어도 못하고 그러는데" 아버지가 오렌지카운티에서 운영하는 주류소매점에 나가기 시작했다. 여동생과 함께 로스앤젤레스 코리아타운으로 독립한 후 그녀는 한인여행사에 취직을 했으나, "영어를 못하니까" 곧 그만두게

된다. 그 다음에 그녀는 로스앤젤레스의 한식당에서 웨이트리스 일을 했다. 애리조나주에 살면서 이혼을 한 후에는 다시 한식당 웨이트리스 일을 하고 있다.

미국에 와서 처음 한 웨이트리스 일을 현재 다시 하고 있기에 지원은 "평생" 웨이트리스 일을 하고 있다고 자조적으로 말했지만, 부부는 함께 "한 20년" 정도 자영업을 했다. 부부가 같이 자영업을 하다가 이혼을 한 후 지원이 한식당에서 웨이트리스 일을 하게 된 배경과 느낌에 대한 이야기는 세 차례의 인터뷰 모두에 등장한다. 이혼을 하고 혼자 살면서 한식당에서 웨이트리스 일을 하고 있다는 것이 구술자의 현재를 가장 강력하게 말해주고 있다.

"내로라하면서 장사를 했는데" 지금은 식당 웨이트리스 일을 하니까 "후줄근하죠."라고 말하는 지원은 왜 한식당에서 웨이트리스 일을 할까. 부부가 장사를 하는 동안에는 한국사람을 한 명도 만나지 않았다는 것을 강조하면서, 지원은 미국에 살면서 한인들하고 어울리는 수단의 하나이면서 혼자 살아가는 방법으로 한식당의 웨이트리스 일을 선택한 것이다.

재미한인들은 가족이 함께 자영업을 하는 경우가 많다. 지원네 부부는 애리조나주에서 "10년 넘게" 옷장사를 하고 "10년" 스시 가게를 했다고 말했지만, 구술생애사 인터뷰에서는 언제 가게를 시작했는지 말하지 않았다.[4] 1차 인터뷰 때 구술채록자가 중간에 끼어들지 않았던 인터뷰 시작 부분에서 지원은 자영업을 한 것에 대해 "부부가 같이 직장생활을 하니까 부딪히는 게 많이" 있었다고만 이야기

---

4) 지원의 생애연보를 정리하면서 페이스북 메신저로 질문을 하자, 옷가게는 1996년에 시작했고 스시 가게는 2005년에 시작했다는 답변을 받았다.

했다. 부부가 자영업을 같이 하면서 남편이 교회생활 이외에는 전혀 다른 사회생활을 하지 않는 것에 그녀는 특히 불만이 많았다.

지원은 부부가 함께 자영업을 하면서 겪은 이야기를 자세하게 이야기하지 않았다. 그녀 부부를 비롯하여 자영업으로 돈을 번 재미한인들의 삶을 간단하게 언급했을 뿐이다. 또한 옷가게 두 개를 하면서 돈을 가장 많이 벌었다고 말하면서도, 옷가게를 하다가 스시 가게를 하게 된 경위에 대해서 그녀는 이야기하지 않았다.5)

지원은 저녁에 한식당에서 웨이트리스 일을 하면서 미국 회사의 카페테리아에서 점심때만 스시 장사를 하고 있다. 그녀는 스시 가게를 하면서 스시 하는 걸 배웠다. 부부가 같이 운영했던 옷가게와 스시 가게에 대해서는 별로 이야기를 하지 않았지만, 혼자 하는 스시 점심 장사에 대해서는 비교적 자세하게 이야기했다. 외로우니까 일을 많이 하는 것뿐만 아니라 혼자서도 장사를 잘할 수 있다는 성취욕을 스스로에게 그리고 구술채록자에게 보여주고 싶었기 때문이다. 그렇지만 구술자인 지원은 현재의 자신을 재미한인사회와 연결 고리가 되는 한식당의 웨이트리스로 가장 강하게 인식하고 있다.

5 아들

[이혼하기 전] 스시 레스토랑을 10년 했었어요, 그 남자(남편)가 다 메뉴 해가지고. 스시 장사하다가 깨진 거죠. 아빠는 나가고, [가

---

5) 1990년대 미국 슈퍼마켓에 스시 코너가 생기면서 재미한인들 중 많은 사람이 스시 사업에 진출했다(송창주 2014: 405).

게를] 팔려고 했는데 아들이 아깝다고 '내가 해보겠다.'고 [해서 장사를 계속] 했는데. 젊은 애가 하려니까, 엄마아빠 [아들까지] 셋이 하던 걸 하려니까…. 이십 몇 만 불 들여서 [스시 레스토랑] 장사를 시작했는데, 가게도 잘 안 팔리고. 지금은 라면집[이 되어] 잘 벌더라고요.

아들이 2년 동안 가게 [하다가] 치우면서, 그 애가 돈을 리타이어 프로그램retire program(은퇴 계획)으로 디바이드divide해(나눠) 놓은 게, 돈을 펀드fund하고 스톡stock(주식)하고. 돈이 어떻게 생겼어요, 40만 불이, 젊은데. 이자 나오는 걸 2년 내내 내게 줬어요. [내] 아파트 렌트비하고 보험을 그 애가 냈어요. 그런 애가 어디 있어요? 아버지 영향을 받은 것 같아요. 너희 엄마 잘 보살피라고 그러고 갔나 봐. 내가 조금 돈이, 수입이 괜찮으니까, 내 목적은 아들 도움 안 받고 사는 거니까, '엄마 주지 마.' 그러니까 지난달에 '엄마 괜찮아? 진짜 주지 마? 내가 써도 돼?' '당연하지, 네가 필요하면 갖다 써.' 근데 돈은 열심히 움직이면 들어오죠. 알뜰한 것보다는 지독한 왈순아지 매같이 그렇게 살았어요.

우리 아들도…. 며느리가 굉장히 가정적으로도 그렇고 좋은 집안 아인데, 일본 앤데. 여기서 인테리어 회사, 스코츠데일Scottsdale에서 좋은 회사를 다녔는데. 우리나라 사람하고 다른 거 있죠? 왜냐하면 스펙보다 자기 가족이 [우선]. 그 애가 고등학교 때부터 [여기] 왔다 갔다하면서 공부를 했으니까, 가족이 여기 살다가 간 사람이에요. 아버지는 무슨 부품회사 미국 지사장. 그 집도 엄마는 일본에 계셔야 하니까, 할아버지 할머니가 [일본에] 계시니까. 아버지는 미국 지사장이니까, 산호세San Jose에 집을 사 가지고, 그 집도 이렇게 계속 헤어져서 살고 이러는데.

우리 사치코(며느릿감 일본 여자)는 좋은 직장, 다시 들어가서 시작하면 [연봉이] 한 6만 불 되지만, 스코츠데일에서 제일 좋은 인테리어 회사인데 그걸 그만두고, 결혼하기 전에 엄마랑 시간을 보내야 한다고, 일본에 지금 7개월째 가 있는데, 이제 5월 달에 와요. 그런 거 보면 포인트가 다른 거 같아요. 자기 그런 입지 이런 거보다는 가족하고. 지금 아들은 일본으로 가서 살지, 아니면…. 그런데 그 애가 자꾸 그러니까, 엄마를 못 떠나 하니까, 조금 문제가 있는데…. 민감한 얘기니까 지네끼리도 와서 결정하고 결혼식도 플랜을 짜야 하고.

나는 싱글single(독신), 온리 차일드only child(외동) 애하고 나하고 있으니까. 걔가(아들이) 굉장히 특이한 애예요. 미국에서 자란 애치고 그 정도 하는 애는 없는데. '엄마하고 나하고 못 떨어지듯이, 사치코하고 엄마도 그런 거를 이해를 해 봐.' 그러면서 '엄마는 어떻게 할 거야?' '나야 네가 가는 데. 엄마랑 너랑 떨어질 수 없으니까 네가 가는 쪽으로 움직여서 지내는데. 아, 누구 남자 하나가 생기면 엄마가, 네가 신경을 덜 쓸 텐데….' 그랬더니 그냥 픽 웃고.

[아들이] 거의 남편 이상으로 [나를] 테이크 케어take care해요(돌봐요). [스시] 장사 그만두고서는 한 2년 동안 내가 돈이 없는 줄 알고 돈도 주고, 천 몇 백 불씩 주고. 내 골goal(목표)은, '벌써 뭐 돈을 받니? 회사 스시 [점심 장사] 하면서, 오Oh, 노No, 엄마 주지 마, 나 혼자 할 수 있어, 테이크 케어take care할(돌볼) 수 있어.' 2년 주더니, 1년 정도 안 줬죠. 1년 안 줘도 맨날 물어보기는 하죠. 나도 괜찮아요. 여기(한식당) 우습게 보이지만, 스무 시간 일하면 2천불 벌고 스시 천 몇 백 불 벌면, 여자 수입으로 지금 60대 넘은 여자가 어떻게 3천불 넘게 벌어요. 내가 좀, 돈 쓰는 거 지혜롭게 잘 쓰는 편이에요.

뭐 살 거 다 사면서, 쇼핑이 유스투used to돼(익숙해져) 가지고. 할 것 다 하면서도 돈이 모이더라고요, 탁탁 책상 위에.

일할 때까지 일하고. 장사는, 주변에서 무슨 이 나이에 고생할 일이 있다고 장사를 시작하려고 하냐고. 이그잼플example(예를 들면), [여기 한식당] 사모님(3장의 찬미). 너무 고생하고 있어요. 가족이 다 거기에(장사에) 스틱stuck돼(빠져) 가지고, 꼼짝도 못하고. 그 집의 아들이 둘인데, 막내아들이 서른네 살이에요, 전공이 뭔지 모르지만…. 우리 아들이 '걔, 게이머gamer야.' 하더라고. 그 집도 참 끈끈하거든 가족이. 자기 딴에는 부모 때문에 움직이지 못하는 거 비슷하면서도, 어떻게 보니까 레이지lazy하고(게으르고), 좀 이상해요, 부부 옆에서. 요즘에는 사십까지 그런 애들이 많다고 그러더라고요, 한국에도, 움직이지도 못하고. 우리 아들은 제 아빠 떠나고 레스토랑도 혼자 하고.

[아들이] 지금 회사도 바꿨어요, 같은 계열로. 거기는 커미션commission(수수료)이 있는 거야, 그러니까 실적에 따라서 한 달에 2천불씩도 붙으니까 막 기를 쓰더라고, 일등을 하려고. 내가 너무 그러지 마, 돈 가지고 그러면….

"구술채록자: 무슨 회사예요?"

옛날에는 한진해운에 들어갔어요. 한진이 문을 닫았잖아요? 같은 계통인데 에코라는 회산데, 운송회사 같은 건데. 뭐를 하냐면 트럭커trucker(화물차 운전사)를 핸들handle하는(다루는) 거야, 걔가 니고시에션negotiation(협상)해 가지고. 실적이 20만 불까지 되는 애들이 몇 명 있대요. 애는 한국애가, 들어가면 4, 5년 있어야 그렇게 되는데,

애는 1년 만에 2등씩 하는 거야. 한국애들이 지독하잖아요. '너 정직하게 생활해야 한다.' 내가 하는 말이. '맨날 거짓말만 하고 사는데? 엄마.' 좀 굉장히 그런 잡job(직업)이잖아요? 돈 버는 데 혈안이 되어 있는데다, 걔가 돈이 좀 있잖아요, 옛날에 교통사고 나 가지고.

"구술채록자: 한국 회사 있다가 망하니까 미국 회사로 들어간 거네요."

더 잘됐죠. 스시맨을 하다가. 이제 걔는 메이저major(전공)가 잉글리시English(영문학)인가, 여기 에이에스유ASU(Arizona Sate University, 애리조나주립대학교) 나왔는데. 걔도 한식당 아들같이 [스시 레스토랑에서] 꼼짝을 못하고 있었는데, 아빠가 그거(스시 레스토랑)를 나가면서, '이걸 어떻게 했으면 좋겠니?' 그러니까 '아까우니까 내가 맡아서 하겠다.' 그래서 걔가 2년을 하는데….

주변에 우리 애 얘기를 하면, '아휴, 집사님 아들은 어디까지예요? 도대체.' 도대체 놀랠 정도로 여러 가지 스토리story(이야기)가 있는데. 몰라, 가르친 것도… [없고] 부모가 싸우는 것만 보고 자랐을 텐데. 생각하는 것도 그렇고, 기가 막히죠. 아들하고 사는데, 옆에서는 다들 어떻게 아빠하고 딸 같다고 이렇게 이야기하지. 〈구술자 웃음〉 매사가, 자기가 나를, 엄마를 캐어care를 해야(돌봐야) 한다는 책임감 때문에 그런지 철이 많이 들고.

엄마 아빠 사는 거 보고 자기는 그랬다는 거야, 옛날에 다 빚으로 살지 않았어요? 집도 가게도, 15년 정도 산속에서 살았어요. 자기는 이미 엄마 아빠가 잘못 살고 있는 거 알고 있었데. 그러면서 지금 아이들 [대학 다니면서] 론loan(융자) 많이 받아가지고 다 빚쟁이인데. 걔는 골goal(목표)이 빚은 안 지려고. 학교 론loan도 다 갚아버리고 차도 캐시cash(현금)로 사고, 자기는 이자 같은 거 그런 멍청한 짓 [안 한대요]. 미국의 라이프life(생활)를 보면, 미국에서 주류로 사는 사람들은 한국사람들 사는 것과 개념 자체가 다르다, 걔는 그런 거 파악해가지고.

리타이어 프로그램retire program(은퇴 계획)이라든지, 펀드fund나 스톡stock(주식)을 평생에 걸쳐서 하는 그런 마인드mind(자세)로. 만약 스톡이 2만 불씩, 3만 불씩 뛰어서 왔다갔다해도 젊은 놈이 눈 하나 깜짝 안 하더라고. 자기는 생각이 있고, 이거는 그대로 놔둬야지. 돈도 많지 않아요, 3, 40만 불정도, 그걸로 하는데. 그런 플랜plan(계획)을 짜서 미국에 사는데, 한국사람들은 페이먼트payment(할부)나 하고. '엄마, 내 친구들 돈 만 불도 없어. 변호사 사무실, 뭐 7, 8만 불 벌어도 학교 론loan 7, 8만 불 그런 거 갚지도 못하고 있어.' 그게 큰돈은 아니잖아요? 단초가 된다고 하나, 그런 작은 돈이긴 하나….

"구술채록자: 아들과 따로 산다고 하지 않았어요? 지난번에(1차 인터뷰 때)."

지금도 따로 살아요. 요 근처에서 피앙세fiancée(약혼녀)와 살다가 피앙세는 일본 갔고. 나는 나대로 한식당에서 가까운 데, 아파트비가 천불 정도, 생활비 2천불 정도. [아들이] 맨날 안부를 묻고.

"구술채록자: 아들은 사치코(며느릿감 일본 여자)를 어떻게 만난 거예요?"

아들이 여기 에이에스유ASU 나왔는데, 에이에스유ASU에서 만났어요. 〈구술자가 아들 사진을 보여줌〉 사치코네가 고등학교 때 여기에서 살던 사람인데, 아버지는 직장이 무슨 부품회사 지사장이에요. 미국 전역을 맨날 돌아다니더라고요. 근데 여기를 자주 오세요. 아들이

[사치코와] 동거를 하다가 [사치코] 아빠가 오면 집으로 오고, 몇 년 그랬는데. [사치코 아빠] 휴가 때 아들도 같이 인바이트invite(초청)해 가지고. [동거를] 은연중 아는데 모른 척 하는 거죠, [사치코] 부모들이. 여기 와 가지고 일본 사치코 엄마가 처음 아들을 만나는데, 너무 부끄러우니까, 그 사람 단아한 일본 가정주부인데, 준비를 다 해서 영어를 못하니까, 미리 리허설을 하고 만나고. 라스베이거스에도 같이 가고 세도나에도 같이 여행 가고, 굉장히 좋아해요, 아들을.

문제는 사는 게 문제가 되요. 애가 일본에 가면 아무 할 것이 없잖아요. 말도 못하지, 미국에서 자랐는데. '엄마, 걔가 정히 원하면 한국 가서 사는 건 어떨까?' '네가 한국 가서 뭐, 말이 그렇지, 한국 가서 할 일이 뭐가 있는데?' 사치코 엄마가 [딸을 미국에] 떠나보내게 단호하게 해야 되는데. 사치코 엄마도 혼자 계시고, 큰딸은 도쿄에 가 있고, 막내아들 대학 때문에, 와세다 대학, 일본에 계신 것 같아요, 학교 때문에. 멀리 있으니까 복잡하고.

그런데 사치코가 가정교육 덕분인지 남자를 보살피고 아이(아들)를 지혜롭게 이끄는 성향이 있어.

"구술채록자: 아들이 일본 여자와 동거할 때 왜 일본 여자인가에 대한 느낌은…."

그런 거 없어요. 왜냐하면…. 그 전에 집 큰 거 사고, 옷가게도 두 개 하고, 돈이 들어왔거든요. 그때 싸우면서 살았거든. 애(아들)가 그 때 근처에서 엘렌Ellen이라는 한국 애를 만났는데, 걔 엄마가 본 남편과 헤어지고 어떻게 미국에 들어왔는데, 여자가 난해요, 영주권 문제도 있었는데. 그 애가 오빠(아들)를 좋아해가지고, 우리는 싸우고 있는 동안 [아들이] 그 집에서 살다시피 한 거야.

엘렌이 엄마를 닮아 가지고, 남자를 미치게 하는 거야. 애(아들)가 슬레이브slave(노예)같이 줄줄 끌려 다니는 거야. 그런데 여자애가 난 해 가지고 이 남자 저 남자와 잔다는 걸 아들이 안 거야. '너는 쓰레기 같은 애야.' 아들은 제 아빠 닮아 가지고 하나밖에 모르는 애야. 그리고 사치코를 사귄 거야. 그래서 극적으로 엘렌한테 벗어난 거야.

[아들이] 여자를 잘못 만날 뻔 했는데, 아버지 기도 덕분인가. 사치코가 지혜로우니까 아이를 캄다운calm down(진정)시키고, 엄마한테 가보라고 하고. 자기네 가족 결속력이 너무 좋으니까. [아들이 사귄 지] 6년 정도 되었는데, 사치코가 [내 눈에] 거슬린 적이 없어요. [아들이 결혼해서] 일본으로 가느냐 마느냐가 이슈인데….

1차 인터뷰 때 구술채록자가 중간에 끼어들지 않았던 인터뷰 시작 부분에서 지원은 부부가 자주 싸우는 통에 아들을 "방치해 놓고" 키웠다면서 아들에 대해 처음으로 언급했다. 계속된 1차 인터뷰에서 지원은 아들이 일본 여자와 결혼할 것이라고 짧게 이야기했다. 그러나 2차와 3차 인터뷰에서는 이혼 후 아들이 "남편 이상으로" "아빠하고 딸"의 관계처럼 그녀를 돌보고 있으며, 이는 아버지의 영향도 있지만 일본 여자인 며느릿감 덕분이라고 강조해서 이야기했다. 지원의 형제관계를 비롯하여 윗세대의 가족관계가 "이북사람들"이라 끈끈하지 못한 것에 비해 모자관계는 끈끈하다는 이야기는 한식당의 주인네 가족과 며느릿감 일본 여자의 가족도 매우 끈끈하다는 이야기로 이어진다.

가족 간의 끈끈한 관계는 재미한인들이 자영업을 하면서 무보수 가족노동자로 일하는 것과 연관된다. 미국 인구통계조사국의 2005년 미국지역사회조사American Community Survey 추계에 의하면, 재미한인의 자영업 종사자 비율(13.6%)은 미국 내 인종집단 중에서 가장 높으며, 이에 따라 무보수 가족노동자의 비율도 타인종집단에 비해 높다(신의항 2007: 331-332). 지원의 아들도 가족이 스시 레스토랑을 운영할 때 가족노동자로 꼼짝없이 가게에 매달렸다. 지원은 이를 두고 한식당 주인인 찬미(3장)의 둘째아들과 비교했다. 지원은 찬미의 둘째아들이 한식당을 하는 부모를 떠나지 못하는 이유로 가족 전체가 한식당에 매달리기 때문이라고 설명했다. 그러나 찬미의 생애이야기를 읽어보면, 둘째아들은 한식당에서 주기적으로 일을 하지 않고 있었다. 따라서 지원의 말은 찬미의 둘째아들이 부모가 하는 자영업에 가족노동자로 매여 있다는 것이 아니라 부모로부터 독립을 하지 못하고 있다는 뜻이다.

지원의 아들은 부모의 스시 레스토랑에서 스시맨으로 일하다가 아버지가 집을 떠나자 2년 동안 스시 레스토랑을 혼자 맡아 했다. 그 후 한진해운을 거쳐 에코라는 미국 운송회사를 다니고 있다. 지원은 아들이 빚을 안 지고 사는 태도를 "미국에서 주류로 사는 사람"으로 인식하면서 이를 자랑스럽게 말했다. 펀드와 주식을 하는 것은 젊은 세대로서 흔한 일이라 할 수 있으나, 빚을 안 지려는 생활방식이 미국의 주류 사람들의 생활방식이라 할 수는 없다. 아들은 부모가 큰 집과 좋은 차를 빚으로 샀지만 장사가 안되는 데다 잦은 싸움 끝에 이혼을 해서 전부 날리게 된 것을 목격했다. 따라서 아들이 주변의 다른 친구들과 달리 빚을 안 지려는 태도는 어느 정도 이해가 된다.

구술채록자는 며느릿감이 일본 여자인 것에 대해 어떤 느낌인지를 지원에게 물어보았는데, 그녀는 아들이 애리조나주립대학교를 다니면서 만난 며느릿감이 일본 여자인 것에 대해 특별한 의미를 두지 않았다. 이는 아들이 그전에 만난 한국 여자와 결혼하려는 일본 여자를 비교했기 때문이라 보인다. 아들이 그전에 만났던 한국 여자는 난잡한 생활을 하면서도 아들을 꼼짝 못하게 만들었다. 이에 비해 지금의 일본 여자는 지원의 눈에 거슬린 적이 없는 지혜롭고 가정적인 여자라고 여기며, 아들이 "아버지 기도 덕분"에 이런 여자를 만났다고 생각한다. 또한 며느릿감이 다녔던 회사가 스코츠데일에 있는 매우 좋은 회사라고 강조했다. 스코츠데일시의 공식 홈페이지는 이곳이 애리조나주에서 2000년대에 들어와 고용이 매우 많은 비즈니스의 중심지라고 소개하고 있다.[6] 그런데 결혼 후 아들 부부가 미국, 일본, 한국 중 어디에서 살 것인지 구술생애사 인터뷰를 할 당시까지 정해지지 않았다.

6 이혼 후 삶

"구술채록자: 아버지는 이혼하셨던 거잖아요? 미국에 오기 전에."

[부모는] 이혼을 했죠, 법적으로. 내가 시민권을 따서 엄마를 모시고 온 거죠. 결국 [엄마도 미국에] 들어오셨는데, 아버지는 94년도에 돌아가셨고. 엄마는 아직도 계세요. 엄마는 재혼을 했어요. 삶이 그렇더라구요. 난 지금 싱글single(독신), 한 8년째 정도 되는데, 한국남

---

6) https://www.scottsdaleaz.gov/about/history (검색일: 2020.6.17).

자들은 디사이드decide(결정하지)를 못해요. 한 4년씩 이렇게 알고 그랬는데.

내 남편이 연하였거든요. 그 사람은 특이한 사람이고, 그러니까 또 종교적인 것 때문에 지금 이스라엘에 가 있고. 지금 소식은 아들하고 하는데, [이스라엘에서] 도서관도 짓고, 아이들을 위해서. '아빠는 힘들면 좀 오라고 그래.' 내가 [아들한테], '[아빠는] 쉬었다가 가도 되잖아.' 그랬더니 하는 말이, '아빠는 원래 그런 사람으로 됐어. 엄마가 직접 말해 봐.' 그래서 내가 문자로, 힘들면 좀 오시라고. 근데 문자를, 카톡을 안 봐, 2년을 안 봐, 2년을. 〈구술자 웃음〉 그런데 아들하고는 카톡을 하고 있었대. 2년 있으니 자기(아빠) 계정이 없어진 거야. 또 내가 찾았어. '뭐 그렇게 복잡하게 생각해? 한번 왔다가.' [아들] 결혼식 때는 만날 거예요. 애가 결혼이 임박했어요. 반지까지 주고, 일본 며느리. 그랬는데도 〈1〉이 안 없어져(카톡을 안 읽는 거야). 그 사람 성격을 아시겠죠?

[이혼 후] 누가 [남자를] 소개를 시켜서 몇 분… 그렇게 됐는데. 내가 잘난 게 아니지만 케미chemistry(서로 끌리는 감정)가 맞아야 하잖아요? 소개를 시켜주는 사람의 콘셉트concept(생각)가 뭐냐면, 남자가 50대 정도, 지 밥벌이는 해야 되지 않냐. 이상한 직종은 아닌데 하여튼 어떻게 내게 그런 사람을 소개시켜줄 수 있어? 여기는 없는 것 같아. 내가 생각하기에 한국도 마찬가지겠지만… 아무리 사람이 많아도 수십만 명이 있어도 인연이 닿지 않으면 만날 수가 없어.

여기는(애리조나에서는) 참 만나기가 힘들어요. 남자가 필요하다기보다, 이미 남자가 필요 없는 나이가 됐지만, 필요해서라기보다 너무 단순한 생활 알죠? 여기 미국 [생활이]. 미국에는 잡job(직업)이 없으면 참 살기 힘든 데예요. 그러니까 내가 교수님(구술채록자) 오면

140

한번 바람이라도 쐬러 오자, 이런 개념도 있어요.

인터넷에서 인연돼 가지고, 참 허무한 걸 많이…. 멀리 있는 사람하고 연결이 돼요, 에스엔에스SNS 이런 연결이 되니까. 근데 한국놈들은 어떻게 그렇게 잔머리만 굴려요, 결정을 못해. 자기 주변 [때문]이나 나이가 차이가 나서 결혼할 의도가 없는지. 아니면 또 능력이 없으면 그렇게(결혼을) 못하더라고. 아이도 너무 어리고 능력이 없으니까, 남자가 그러는 거 있는 거 같애.

한국놈을 [온라인에서] 4년간 만났었거든요. 내가 언질도 주고 그랬는데. 나이가 역으로 차이가 나는데, 요즘은 그런 거 문제가 안되잖아요? 내가 지금까지 자존심이 많이 상했는데, 이제 떠나야지 자존심이 고만 상할 것 같애, 나를 선택을 안 하니까. 그러니까 쓰다달다 말도 없이 잠수 타는 거 있잖아요. 어떻게 그럴 수가 있어요? 그래 쓰레기라고 그러고 나갔지.

"구술채록자: 한국남자들이 어떤 점에서 그렇게 형편없어요?"

진실한 걸 못 느껴요. 그런데서만(SNS에서만) 만나서 그런지 모르지만 너무 재요. 계산이 너무 많고, 순수한 게 없기 때문에. 난 너무 [한국남자가] 싫어졌어요. 미국사람하고 조인join(연결)이 많이 되고 그러다 보니까 그런 사람들한테 필링feeling(감정)이 좀 있더라고요. [미국]사람들은 다 좋고, 친구같이.

그래 가지고 한국사람한테 난 너무 질려 가지고, 지금 미국사람하고 사귀어요. 사귀는 건 아니고 조금 이렇게 알고 지내요. 미국사람은 아니에요, 얼굴은 한국사람인데 유럽에서 자라 가지고. 아버지가 한국사람이고 엄마는 아이슬란드. 근데 스피크speak(말하는 게), 발음이 이상해요. 처음에는 진짜 커뮤니케이션이 안 돼, [내가] 영어도 못하지만. 문자로 하면 이해가 가는데, 말만 하면, '홧what? 무슨 소리야?' 발음이 진짜 못 알아듣겠어. 지금은 많이 나아졌죠. 그런 사람은 계산을 안 해요, 심플simple(단순)하죠.

나는 그랬어요, 한국여자가 왜 미국사람을 만나? 나는 싫어. 내가 한국사람인데, [한국에서] 30년 살았는데 영어가 되요? 하이hi(안녕), 하니honey(여보) 소리만 하고 어떻게 살아요, 그렇게 못 살아. 영어도 못했지만, 한국사람이 너무 형편없다 보니까. 그래서 아마 성향상 이제 한국놈 못 만나겠다.

인생이 참 파란만장하지 않아요? 굉장히 보수적이고, 미국사람은 남자같이 느껴지지 않고 그랬는데. 아니더라고, [한국사람한테] 너무 상처를 받으니까. 미국사람도 한편으로 굉장히 더러운 사람도 많은데, 또 천사 같은 이미지가 있는 사람이 많아요. 난 한국사람을 형편없는 사람만 알았나요? 옛날 남편 같은 사람만 보다가…. 저 같은 경우는 특이하지 않아요?

그게(사회생활이) 문제가 아니라 본인의 정신적인 게 빌드build가 되면(만들어지면) 아웃사이드outside(바깥 생활)가 별로 필요 없죠. 자기 혼자서 뭐 했냐면 공부하는 쪽으로, 인문학 그걸 섭렵했죠. 계속 들었죠, 잡다한 거.

"구술채록자: 어디에서 들으신 거예요?"

동영상 유튜브YouTube로. 맨 처음에 내가 뭐가 귀에 들어왔냐면, 법륜스님부터 시작해서 그 다음에, 많잖아요. 목사님 설교는 듣기 싫더라고요. 신부님, 아니면 플라톤 아카데미, 고미숙 강연에 여러 가지. 공부를 하면 안 괴로운 걸 그때 터득한 거야. 그래서 물론 어떤 계기가 되면 강좌도 가고 그렇지만, 시간이 없잖아요? 제가 [유튜브로 강의 들은 지] 한 육칠 년 된 것 같은데, 그게 내 생활이 돼서. 왜 들었냐면 괴로우니까 나 혼자. 다른 사람은 이해 못해요, 너무 빠졌다 그러는데. [한국] 드라마도 가끔 봤겠지만 드라마 같은 거도 배제하고, 그때는 이모셔널emotional 해 가지고(감정적이라서) 음악 들으면 새드 필링sad feeling(슬픈 감정)도 들고.

그래 가지고 [강의 듣는다고] 정말 귀에다 꽂고 살아요. 아침에 일어나면, 새벽에 세수할 때, 화장할 때, 차에 갈 때. 그 다음, 집에 들어가는 차에서, 저녁에 쉴 때 자기 직전까지. [한국] 드라마나 이런 거는 안 보고. 음악도 섬타임sometime(가끔) [듣고], 굉장히 이모셔널emotional 해서(감성적이라서) 좋아했는데. 상황이… 음악도 결국 슬픈 감정을 많이 유발시키니까.

그게 비정상이에요. 왜냐면 내가 나를 프로텍트protect(보호)하기 위해 이렇게 사는 거지, 할 수 없이. 그렇지만 만약에 좋은, 믿음직한 사람이라든지 내가 다시 동반할 수 있는 사람을 만난다면 다시 터닝turning하겠죠(돌아가겠죠), 일상적으로, 유치찬란한 상황으로. 문제라고 그러더라고요, 누가. 언니가 노말normal한(정상인) 게 아니라고. 나는 괴로우니까 그냥 자꾸 노출이 되면 괴롭고 그러니까. 난 그냥 포지티브positive한(긍정적인) 이야기만 하니까. 어떻게 보세요? 좀 자연스러운 사람 아니죠, 저 지금?

"구술채록자: 본인이 알아서 지금 헤쳐 나가니까…"

그러니까…. 지금은 내가 수양이 됐다고 그러나, 뭘(인문학을) 막

섭렵을 하다 보니까. 나는 어느 남자를 받아도, 난 데리고 산다, 다 포용할 수 있는. 절대로 남편 근처에서 머무르면서 안이하게 있는 여자는 느낄 수 없는 일이에요. 이렇게 혼자 세파에서 마음고생 하면서…. 또 몰라, 한탄이나 하고 있는 여자도 있겠지만. 나는 그래도 내가 지혜를 터득했다고 생각해요, 그런 면으로.

지금은 그렇죠. 남편을, 내가 지금 이 상태대로 조금 깨우친 상태라면, 그러면 왜 그 사람을 인정을 안 했어? '하고 싶은 대로 하세요.' 하면 될 텐데. 그렇게 귀하고 굉장히 성실한 남자를 나는 본 적이 없어요, 지금까지. 그런데 나는 [남편을] 무시했구나. 그런데 [남편이] 난폭한 게 있었지. 고게 좀 문제였어. 따지고 보면 그런 사람은 또 어그리agree(동의)할 수가 없죠.

내가 몇 년 전 페이스북을 시작할 때 사람들이 그런 거, 애들 하는 거 하나는데. 우연치 않게 연결이 되는데, 한국사람들, 작가들하고 연결이 되는데. 여기서 무슨 이성적인 것은 아니고, 문필가 같은 사람들 연결되고. 나도 글을 조금 쓰지만, 그거를 올릴 수 있는 가능성도 있고 그래서 나 혼자 그냥 했어요. 친구는 700명. 요즘은 그런 거 너무 부질없는 것이다, 그걸 많이 느껴 가지고, 지금은 안 하고 그러니까 아무도 없는데.

이제 할 말 없어요. 교수님(구술채록자) 얘기도 해보세요. 페이스북 하세요? 페이스북을 보면 내가 딱 나오는데, 설명하지 않아도. 요즈음은 잘 안 올리지만. 〈구술채록자가 페이스북에서 구술자를 찾음〉 페이스북을 보면 항상 연결이 될 거예요.

1차 인터뷰 시작 부분에서부터 지원이 말하고 싶었던 것은 이혼 후의 복잡한 삶이다. 이혼 후 복잡한 삶은 지원의 생애이야기의 주제이다. 2차 인터뷰에서 아버지가 미국에 오게 된 과정을 질문했을 때에도 그녀는 대답을 하는 과정에서 이혼 후 알게 된 한국남자에 대한 실망감을 토로한다.

　그녀는 이혼을 한 후 소셜 미디어를 통해 한국남자와 연결이 되었다는 이야기를 여러 차례 했다. 결혼생활에서 누리지 못했던 사회생활을 이혼 후 한식당뿐만 아니라 온라인의 장에서도 하게 된다. 그녀는 이혼 후 만난 한국남자들이 형편없는 사람들이었다는 것도 스스로 "특이한" 삶이라고 표현했다. 이혼 후 만난 한국남자들이 모두 형편없는 사람들인데다 온라인으로 한국의 다양한 인문학을 섭렵하면서 그녀는 이혼한 전 남편을 더 이해하게 되고, 이혼한 것은 본인 탓도 있다고 인정을 하게 된다. 나아가서 "인문학"을 섭렵하면서 지금은 누구와도 결혼생활을 잘할 수 있는 "지혜"를 터득했다고 말한다.

5장
불법체류자였던 스시 바 주인

_영희

생애연보

1954년	4남 3녀 중 다섯 번째(세 번째 딸)로 출생
1980년경	딸 출생
1983년경	목동에서 미술학원 운영 시작
1992년경	아들 출생
1995년	남편이 골재 채취사업 시작
1998년경	IMF 사태로 남편의 사업이 망함
2000년	방문비자로 미국 애리조나주에 옴
2005년	남편과 이혼한 후 미국 시민권자 한인과 재혼함
2010년경	재혼한 재미한인과 이혼함
2018년 현재	슈퍼마켓의 스시 바sushi bar 운영 중

영희의 생애연보 중 구술생애사 인터뷰에서 그녀가 정확하게 연도를 밝힌 경우는 남편이 골재 채취사업을 시작한 1995년, 애리조나주로 온 2000년, 재혼한 2005년 등이다. 출생연도는 그녀가 작성한 구술공개 동의서에서 알았고, 나머지 연도는 생애텍스트를 바탕으로 '몇 년경'으로 추론한 연도이다.

2018년 11월 14일 미국 애리조나주에 있는 한인미술협회 회원인 영희(가명)와 1시간 54분 동안 구술생애사 인터뷰를 했다. 그녀와 인터뷰를 하기 전, 구술채록자는 미술협회 모임에 참석하여 회원들이 한국에서의 생활과 미국에서의 생활에 대해 이야기하는 것을 들었다. 장소를 한식당으로 옮겨 모임에 참석한 회원들과 점심을 같이 먹은 후, 인터뷰에 동의한 영희가 운전하는 자동차 안에서 인터뷰가 시작되었다.

구술생애사 인터뷰를 자동차 안에서 하던 중 애완견을 잠깐 돌봐야 한다고 해서 영희가 사는 아파트에 들렀다. 〈럭셔리 콘도미니엄〉 Luxury Condominium이라고 쓰여 있는 단지 안에 들어가자, 그녀는 "이 지역이(지역의 집들이) 새로 지은 집들이에요. 신흥도시죠, 애리조나에서는 제법 비싼 동네인 것 같아요. 가격도 만만치 않게 비싸고. 혼자서 살기에는 보안도 잘 돼 있고, 안의 시스템도 좋고, 안의 인테리어도 좋고. 방 두 개짜리니까, [방] 하나는 그림 그리는 곳이고."라고 이야기했다.

그리고 그녀가 일하고 있는 대형 슈퍼마켓 안에 있는 스시 바sushi bar를 잠깐 들렀다. "여기가 제가 일하는 곳이에요. 여기는 2016년 10월 21일 그랜드 오프닝Grand Opening을 했어요. 새로 지은 거죠, 이 땅에다. 이렇게 큰 ○○ 슈퍼마켓 체인은 애리조나에 일곱 군데가 있어요. 애리조나에 모두 백 몇 개 ○○ 슈퍼마켓 체인이 있는데, 그 중에 우리 회사 스시 바가 들어간 곳이 62군데인데, 이렇게 큰 곳은 일곱 군데만 있어요. 그런데 말하자면 [스시 바는] 김밥 장사예요."

스시 바를 들린 후 커피숍으로 이동하는 동안에도 차 안에서 계속해서 인터뷰가 진행되었다. 커피숍에서는 42분간 인터뷰가 이루어졌기에 구술자가 운전하면서 이야기한 시간(1시간 12분)이 더 길었다.

1 불법체류

미국에 오게 된 동기부터 [이야기하는 것이] 괜찮나요?

"구술채록자: 네."

 미국에 오게 된 동기는 제 엑스 허즈밴드ex-husband(전 남편)가 비즈니스, 사업이라 그러나요, 강화도에 있는 저수지 안에 매장되어 있는 자갈, 모래를 채취하는 것을 했어요. 아이엠에프IMF(International Monetary Fund, 국제통화기금) [사태] 터지기 전,1) [그 사업을] 5년 전부터 했어요. 임진강에서 내려오는 바닷가에, 군부대 [초소]도 있었는데 그것까지도 이전시키고. 말하자면 홍길동이죠, 바다에 있는 모래 채취해서 영종도 비행장(인천국제공항)까지 하겠다고(모래를 대겠다고) 부푼 꿈을 갖고 그거를 시작했어요. 그거를 한다고 일을 벌이기 시작한 게….

 [그런 사업은] 개인이 하는 게 아니야, 굉장히 많은 돈이 필요한 거고. 왜냐면 그거를 채취하려면 바지선도 있어야 되고, 또 그거를 쌓아놓을 부지가 있어야 되고. 선별기가 있어야 되요, 큰 돌에서 작은 돌까지, 자갈과 모래까지. 저수지에 붙어있는 땅을 다 사 가지고. 저수지도 꽤 커요. 컨테이너 박스 하나를 집처럼 꾸며 가지고, 거기서 먹고 자고 하면서 그거를 시작했는데. 모래 같은 것을 가져가는데 약속어음을 주고 가져가잖아요. 그런데 아이엠에프 [사태]가 터

---

1) IMF 사태는 한국이 가진 외환이 너무 부족해 1997년 11월 국제통화기금IMF
으로부터 자금 지원을 받게 된 것을 말한다. 이 때문에 많은 기업이 문을 닫고
실업자가 늘어나 한국경제가 크게 위축되었다.

지니까 약속어음이 부도가 나니까 연쇄부도가 나 가지고. 한 달에 6,800만원씩 경비가 들어가야 하는데, 밑 빠진 독에 물 붓기.

서울에 건물, 아파트가 있지만. 한 달에 7,000만원 되는 돈이, 95년부터 [골재 채취사업을] 시작했는데, 감당이 안되는 거죠. 어느 정도 그거를 유지할 수 있는 재력이 없으면 할 수가 없는 건데. 강화도에 농업협동조합? 조합장한테 광권을 따내야 하니까, 옛날에는 로비를 많이 하잖아요? 500만원짜리 자개장 사다 주고, 소나타 한대 사다 주고. 그런 걸 무식하게 해서 광권을 따낸 거죠.

그 전부터 충북 괴산, 거기에 땅 3만평 정도 가지고 있었는데. 거기에 수안보 온천인가요? 거기 수질이 좋고 온천물이 나오니까, 우리 땅으로도 온천을 한번 해보자. 그걸 뚫고 하느라고 경비를 쓰고 그랬는데, 수질은 너무 좋은데 물 양이 적은 거야. 그래서 또 망했죠. 그러고 나서 이 골재사업을 하느라고, 비즈니스를 한 이야기를 하자는 게 아니라, 그거를 하느라 밖에서 로비하고 사람들 접대하고 이러면서 사람이 정상적인 생활을 할 수 있는 게 아니야. 맨날 밖에서 자고 밖에서 술 접대하면서 룸살롱 가고, 사람들한테 이상한 대접하는 데 신경 쓰고. 가정이 무너지게끔 되어 있는 거예요.

저는 큰애 임신 8개월 때까지 키스트KIST(Korea Institute of Science and Technology, 한국과학기술연구원)의 소장 세크러터리secretary(비서)를 했었어요. 이 사람(첫 번째 남편)과 같은 ○○대를 다녔거든요, 이 사람은 국문과, 나는 요업공예과. 캠퍼스 커플 이전에, [내가] 고등학교 1학년 때 기원에서 바둑 두면서 만났다가, 나는 고2 되고 이 사람은 고3 되어 만나지 못했다가, 그 사람은 재수하고 나는 고3 되고, 그때도 잘 못 만났다가. 그 사람이 ○○대에 들어가서, 저는 다른 데 하나도 원서도 못 내보고. [그 사람이] 아무 데도 원서를 못

내게 해 가지고, 아무 데도 원서를 못 내보고 그 학교를 갔어요. 그것도 내가 바보짓을 한 거죠. 내가 그때는 우리 애 아빠를 좋아했으니까, 그냥 하라는 대로 해야 되는 줄 알고…. 저는 수석으로 들어갔어요. 〈구술자 웃음〉 우리 때만 해도 윤리관이라든지 도덕관이라든지 이런 것 때문에 선택의 여지가 없다고 생각했어요. 이 사람을 만나면 이 사람과 결혼해야 되는지 아는 거예요.

되게 많이 힘들게, 굉장히 문화의 차이가 있었어요, 가정적으로. 우리 아빠는 도쿄에서 공부하시고, 상하이에서 공부하시고. 옛날에 선린고보 [나오셨는데], 말하자면 학구적인 그런 부분이 있는 분인데. 형제들이 공부를 다 잘했어요, 일곱이 썩 잘했어요. 서울공대 차석으로 들어가고, 이대 들어가고, 큰오빠는 서강대 들어가고.

미국에 오게 된 것은 [큰]오빠가 텍사스주립대 대학원에서 어카운팅accounting(회계학)을 공부했어요. [큰오빠는] 모토로라Motorola에 들어가서, 인종차별 때문에 이사까지 못 올라가는 거예요. 레이오프lay-off(강제해고)를 당하고 그래서 올케가 한국음식점을 했어요, ○○가든이라고. [어느 날] 우리 올케가 반신을 못 쓰게 됐어요. 고혈압인데 오빠랑 싸우는 바람에 혈압 약을 열흘 동안 안 먹었어요. 골프를 치다가 이상하게 쓰러졌어요. 치료를 하는데, 안되는 거예요.

그때가 아이엠에프 터졌을 때에요. 애 아빠가 연쇄부도 나고 도망다니고. 나는 미술학원하고 유치원을 했어요, 목동에서. 애는 내가 스물일곱 살 때 낳았는데, 애 세 살 때 미술학원을 시작했어요. 애기 아빠가 ○○산업 다닐 때인데, 거기 과장님이 목동 8단지 앞에 상가를 샀어요. 애 아빠가 이야기를 해서 2층에다 미술학원을 차려준 거죠. 그런데 집안이 그러니까 집중이 안되서 유치원이고 미술학원이고 할 수가 없는 거예요. 또 아이엠에프 터지니까 아이들이 다 그만

두는 거예요, 돈이 없으니까. 그러니까 갑자기 애들 원비 받았던 것도 줄어들고, 또 얘기 들어보면 학원비 안 받고 해줘야 하는 아이들이 많은 거예요. 그러다 보니 겹치고 겹쳐서 어떻게 할 수가 없더라고요.

오빠한테 전화해서, '내가 이만저만 해서 여기서 살기가 힘들고, ○서방하고 같이 있으면 애들, 딸하고 아들, 공부도 못 시킬 것 같다, 그러니까 내가 미국을 가야겠다.' [오빠가] 오려면 빨리 오라고 그러더라고요. 비자를 신청했죠. 그때는 [미국 가려면] 비자를 신청했어야 했죠. 내가 유치원도 하고 그랬으니까 신청한 지 한 달 만에 나온 거예요.

"구술채록자: 무슨 비잔데요?"

방문비자죠. 방문비잔데, 내 목표는 [미국에] 눌러 앉으려고.

제가 그랬죠, 미국 오기 전에, [남편한테] '[아이들을] 네가 키울 거냐, 내가 키울 거냐. 네가 키운다고 하면 나는 혼자 나간다. 네가 못 키운다고 하면 내가 둘 다 데리고 가는데, 연락하지 마.' 내가 6,000불을, 미술학원과 유치원을 후배한테 그냥 주고, 적금이니 뭐니 다 해약해 가지고 그걸 가지고 온 거죠.

2000년 9월 20일 오후 3시에 공항에 도착했는데, 오빠가 다음날 아침 8시에 일하러 가재. 그때는 하이hi(안녕) 소리도, 굿모닝good morning(안녕하세요) 소리도 못했어, 입이 안 떨어지니까요. 근데 나 가서 일하자니까, 한식당이니까 가서 웨이트리스를 했지요. 제가 한국에서 계속 일을 해왔으니까 용기가 있었던 것 같아요. 선무당 사람 잡는다고 영어를 못해도 손님 오면 웃고, 하이hi! 이러고. 오빠가 이쪽으로 오라는 거 '디스 웨이 플리즈This way, please.' 이렇게 하라는 거예요. '해브 어 시트Have a seat(앉으세요)!' 이렇게 이야기하라는 거예요. [영어] 몇 마디 알려주면 그렇게 하고.

내가 나 혼자 영어를 어떻게 배우나 하는데, 오빠가 한국일본가 중앙일본가 한국신문을 보더라고요. 거기에 보면 이민자를 위한 영어회화 문장이 있는데 그걸 외웠어요. 오빠가 무슨 말을 [영어로] 이야기하면 그걸 한국말로 써서 집에 가서 영어로 써서 외우고 그랬는데. 미국생활이라는 게, 큰오빤데, 같이 일하다 보니까 오빠랑 있다가는 내가 완전히 망가지겠더라고요.

[미국에] 9월 20일 날 왔는데 12월에 [오빠네 한식당을 나왔어요]. 딸은 와 가지고 학교를 다니게 했어요, 학생 신분이니까. [미국에] 6,000불 가지고 와서, 3,000불 주고 조카한테 〈혼다 어코드〉Honda Accord 10만 마일 뛴 거 사고, 원베드룸one bedroom 아파트에서 3단요 깔고 아들이랑 나는 리빙룸living room(거실)에서 자고, 딸은 침대에서 재우고 이러면서 살았는데. 아무리 생각해도 내가 오빠랑 있으면 계속 이렇게 지내야 되겠다 [생각해서 오빠네 한식당을 나왔어요].

12월에 오빠한테서(오빠네 한식당에서) 나와 가지고 스시 레스토랑 웨이트리스를 신청했는데, 일하라고 그러더라고요, 영어를 못해도. 거기에서 웨이트리스로 저녁에만 일하고, 낮에는 그림을 가르쳤어요. 교회에 갔더니, 내가 이런 식으로 애들을 가르쳤고, 이런 생각을 가지고 애들을 가르쳤다고 그러니까, 나한테 애들을 다 모아 주더라고요. 그룹 그룹으로 해 가지고 한 30명을 가르쳤어요. 그게 웨이트리스 했던 것보다 돈을 더 벌었어요.

교회를 가면 도와주는데… 한국 분들은, 우리나라 사람들 국민성이라고 하나요? 일단 새로운 사람을 만나면 호구조사를 해요. 자기보다 여건이 좋으면 굉장히 나이스nice(친절해요). 그런데 조건이 나보다 좀 안 좋다, 무시해요. 거기에서 오는 아픔이 굉장히 커요, 교회에서. 왜냐하면 한국사람 만날 수 있는 기회가 교회거든요, 그런데 그런 상황이 생기니까 사람들한테 상처를 많이 받죠. 물론 열등감이나 자격지심 때문에 그렇지만, 그렇게 되더라고요. 우리나라 사람들 국민성인가요?

그런데 [스시 레스토랑 웨이트리스로 일할 때] 입이 돌아가더라고요. 왜냐면 냉동실에서 물건을 가지고 나왔는데 갑자기 추운 데서 나오니까. 어설프게 배운 수지침을 하고, 제가 뜨거운 물로 씻뿌しっぷ(찜질)를 하고, 제가 항상 차에 침을 가지고 다니거든요. 그리고 집에 가서 부항을 떴어요. 한숨 자고 일어나서 한의원에 가서 침을 맞고. 물을 마셔도 다 흘리고 눈은 안 감아지고. 그렇지만 그거를 (웨이트리스 일을) 안 하면 안되니까 그런 얼굴로 일하러 갔어요. 열흘 동안 안 돌아왔어요.

내가 와 가지고 [이민]비자 서포트support 해주는(도와주는) 거를 캘리포니아에 있는 사무장이라는 사람한테 10,000불을 주고서 시도를 했는데, 그것도 사기를 당했어요. 신분도 안 됐지, 돈도 다 날렸지. 진짜 어떻게 해야 좋을지 모르겠더라고요. 미술 가르치던 사람 중 시니어 케어senior care(노인요양 돌봄) 하는 엄마가 있었어요. 그 엄마가 나더러 할머니 케어care(돌봄) 해보겠냐고, 미국인 할머니. '시간당 10불을 준다, 1주일에 2번 하면 [오전] 6시부터 [오후] 6시까지 12시간이니까 하루에 120불씩 벌고, [1주일에] 240불씩, 한 달이면 1,000불을 벌 수 있다.' 그래서 그거 하고.

"구술채록자: 시니어 케어는 얼마 동안 했어요?"

그거는 제가 1년 안 했나 봐요. 그것도 나중에 자격증을 따야 하더라고요. 자격증을 따려고 수업을 받으러 갔는데, 못 알아듣겠는 거예요. 그러면서 그때 일본회사 스시를 할 수 있게 되는 찬스chance(기회)가 와 가지고, 돈은 내고 강의 끝까지 못 받고 라이선스licence(자격증) 못 받고 끝냈죠. 그리고 [시니어 케어가] 너무 힘들었어요, 미국인 할머니들이 되게 까다로워요. 덕분에 그 할머니들 때문에 영어를 조금은 배웠어요. 어차피 같이 이야기를 해야 되니까. 그런데 [미국인 할머니들이] 까다롭고, 제가 굉장히 많이 디프레스depress 되더라고요(우울해지더라고요), 되게 많이 힘들었어요.

하루 쇼핑하러 갔는데, ○○ 슈퍼마켓 안에 스시 바가 있었어요. 거기(스시 바)에 한국여자가 있는데, [나보고] '한국사람이세요?' 내가 한국사람이라니까 '이거 관심 있으세요?' 그래 관심 있다고, 지금 내가 스시 웨이트리스 하고 있다고. 스시 하는 여자가 '5,000불을 내고 네가 이거를 하고, 한 달에 번 돈에서 10%를 자기한테 주면 너는 20% 정도 가져갈 거다.' 웨이트리스 하는 것보다 훨씬 낫겠더라고요. 그래서 했는데 그 여자 10% 주고, 회사 주고, 물건 사고 그러니까 남는 게 없었어요. 5,000불은 애들 가르치면서 웨이트리스 하면서 모아진 돈인데 안 할 수도 없고.

아침에 4시에 일어나서 던킨 도넛 가서 커피 내리는 거 하고, 9시까지 마켓에 가서 스시를 하고, 짬짬이 애들 가르치고. 미술 가르치는 것도 되게 많이 디프레스 된 게 영어가 안되니까 애들이 못 알아듣잖아요. 애들이 영어를 말하면 내가 못 알아듣고, 되게 많이 힘들었어요. 사실은 한국에서 미술치료사 과정 강의도 했거든요. 1시간에 80만원 받았던 것 같아요. ○○교회(한인교회) 문화원에서 미술 가르치는 거 한 학기에 200불을 준대요. 그래서 그것도 하고, 그렇게 시간을 쪼개고 쪼개고 하면서 했어요.

그런데 이 여자(스시 바 주인)가 다시 [스시 바를] 자기가 하겠다는 거예요. 이 여자가 나한테만 그런 게 아니고 여러 사람한테 그런 거예요. 돈을 떼먹는 여자더라고요. 너무 괘씸했어요. 그런데 나는 이거를 안 하면 먹고 살 게 없다, 그래서 회사에 전화를 했어요. 무식하면 용감하다고, 내가 절박하고 그 돈은 잃지 않아야겠다는 생각이 드니까 영어도 안되는데 회사에다 막 이야기를 하고. 내가 '돈 5,000불을 내고 했는데 그 사람이 다시 하겠다고 한다, 나는 5,000불을 찾아야겠는데 방법이 없겠느냐.' 일본회사였기 때문에 일본 매니저가 와서, 안되는 영어로 이야기했더니 자기가 도와주겠다. 나한테 5,000불을 안 주면 그 여자도 [스시 바를] 뺏기는 조건으로 그렇게 됐어요. 5,000불은 결국 받았는데. 그달에 일했던 거, 물건 산 거 인벤토리inventory(재고품), 그게 또 5,000불어치 되요. 그런데 그건 못 받았어요.

———

살아온 이야기를 어디서부터 시작해도 되고 어떤 이야기를 해도 좋다고 하자, 영희는 미국에 오게 된 과정부터 이야기하기 시작했다. 재미한인 누구에게나 이민과정이 삶의 중요한 전환점이라 할 수 있으나, 불법체류로 미국생활을 시작한 영희에게는 불법체류가 그녀의 생애에서 가장 중요한 전환점이 되었다. 그녀는 미국에서 계속 살 생각으로 일단 방문비자로 미국에 왔다. IMF 사태로 남편의 골재 채취사업이 망하자 그녀는 자녀들을 교육시키려고 무작정 미국에 온 것이다. 물론 애리조나주에서 큰오빠네 가족이 한식당을 하고 있었기 때문에 가능했다. 그녀는 미국에 도착한 다음날부터 오빠네 한식당에서 웨이트리스로 일을 시작했다.

영희는 오빠네 한식당에서 무보수 가족노동자로 일한 것은 아니지만, 스스로 미국생활을 개척하기 위해 오빠네 한식당 일을 그만두고 스시 레스토랑에서 웨이트리스 일을 시작한다. 저녁에는 웨이트리스 일을 하고 낮에는 한인교회를 통해 소개받은 아이들에게 미술을 가르쳤다. 또한 그녀는 미국인 할머니를 돌보는 시니어 케어 일도 했다. 그러다가 다른 재미한인여성이 하는 일본회사 프랜차이즈 스시 바를 맡아 장사를 했는데, 다시 원래 주인에게 스시 바를 돌려줘야 하는 상황을 맞게 된다.

영희의 미국생활이 시작된 이야기에는 다른 재미한인들과의 관계와 영어 문제가 두드러지게 나타난다. 영주권 문제를 해결하기 위해 의뢰한 사무장이 재미한인인지는 명확하게 말하지 않았지만, 그녀는 스시 바 주인인 한인여성에게 사기를 당하고 한인교회에서 만난 재미한인들에게 상처를 많이 받았다. 영희는 스스로 "열등감이나 자격지심 때문에" 상처를 받았다고 말했는데, 열등감 내지 자격지심의 근원은 당시 그녀의 불법체류자 신분이다. 영어를 배우려는 노력을 게을리하지 않았지만, 40대 후반에 미국생활을 시작했기에 아이들에게 미술을 가르칠 때 의사소통의 문제로 고통을 받았다고 그녀는 술회했다.

재혼과 이혼

비즈니스 브로커business broker가 나한테 와서, 그 사람은 나에 대해서 사전에 알았던 것 같아요. [5,000불을 주고] 마켓 안의 스시 바에서 일을 하고 있는 데로 찾아와서 '샌드위치 가게가 다운타운에 있는데 해 볼 마음이 없느냐.' 나는 '돈이 없어서 그런 거 못한다.' '돈이 없어도 시작할 수 있다. 그래도 15,000불 정도는 있어야 될 거다, 다운 페이먼트down payment(계약금)로. 그 돈을 구할 수 있느냐?' 그러면 어딘지 한번 가보겠다고 해서, 같이 가서 보니까 번듯한 샌드위치 가게. '거기를 15,000불에 들어갈 수 있다고? 그러면 한 달에 얼마 벌 수 있냐?' '3,000불 이상 벌 거다.' 무식하니까 혹한 거죠. 그런데 그 사람이 뻔질나게 찾아와서 나중에는 내가 불법인지 아니까 결혼을 하면 신분을 해주겠다[고 말했어요]. 그 사람이 진실로 저를 요만큼은 좋아했던 거 같아요.

나는 15,000불이 없는데, 정말 이야기하기 싫었는데 언니한테 이야기하고, 한국에 있는 [둘째]오빠한테 이야기하고, 캘리포니아에 사는 동생한테 말을 해서, 둘째오빠가 10,000불을 보내주고, 5,000불을 둘째언니가 도와줘서 그걸 차렸지요. 내가 신분이 안되니까, 우리 딸이 학생 신분이니까 딸 이름으로 [샌드위치 가게를] 했는데.

그런데 아버지가 [미국에 이민을 오면서] 한국에 있는 집을 팔았을 때 큰오빠한테도 일부 줬지만 둘째오빠한테 돈을 다 줬거든요. 그래서 나는 [둘째]오빠한테 이랬어, '작은 돈이든 큰돈이든 아빠가 집을 판 돈, 큰오빠 주고, 오빠 주지 않았느냐. 나는 지금 이거 없으면 못 산다. 그러니까 돈을 나한테 줘, 안 갚을 거야, 안 갚을 거야.' 갚는다고 했다 못 갚는 것보다 안 갚는다고 했다가 내가 형편이 됐

을 때 줄 수 있으면 주는 게 낫겠더라고. '적어도 나한테 천만원 정
도는 줘도 된다고 생각하는데, 난 안 갚을 거야. 결정은 오빠가 해.'
이러고서 전화를 끊어 버렸어요. 완전히 배짱을 부렸어요, 가능한
배짱을 부린 거지. 천만원은 저한테는 큰돈이었죠, 오빠한테 큰돈은
아니었어요. 내가 요구할 수 있는 당당한 [금액] 정도라도 주면…
나는 먹고 살아야 하니까 그 정도는 필요하다고 얘기를 했죠.

그걸(다운타운의 샌드위치 가게를) 찾아준 비즈니스 브로커가 나한테
계속, 그 아저씨가 대시dash를 하고(저돌적으로 추진하고) 프러포즈
propose(청혼)를 해서, 결국 그 사람과 결혼했어요. 왜냐하면 그 사
람은 시민권자이고, 나는 신분이 안되고. 그래서 제가 시민권을 따
게 됐는데. 그 사람은 노름꾼이었어요. 큰오빠가 결혼을 되게 반대
했어요. '그 사람이 얼마나 사기꾼인줄 알아? 왜 걔랑 결혼하려고
그래? 평도 안 좋은데.' [큰]오빠한테 내가 그랬죠. '오빠가 내 인생
을 끝까지 책임질 수 있냐? 아니면 내가 내 인생을 개척해야 되느
냐? 어떻게 할까?' 그랬더니 [큰]오빠가 책임질 수 없대. '그러면
내가 선택할 게. 나는 신분이 없기 때문에 노 초이스no choice(선택의
여지가 없어)! 그리고 저 사람은 나를 사랑하는 것 같아.' 그랬더니
'미친 사기꾼이 무슨 사랑이냐?'고. 그런데 결국 큰오빠 말이 맞았어
요, 사기꾼.

"구술채록자: 한국사람이에요? 미국사람이에요?"

한국사람. 나는 그 사람이 그렇게 노름꾼인지 몰랐어요. 일주일에
한 번씩 라스베이거스 가는 거예요. 여기서는 소문이 난다고 라스베
이거스까지 가서 [노름]하고. 그러니까 우리 아들을 내팽개친 거나

마찬가지죠. 아들한테 너무 너무 미안하죠. 우리 아들을 어뷰즈 abuse(학대)하는데, 내가 없을 때 뭐든지 못하게 하고, 때리고. 말하면 죽인다 하니까 그걸 아들은 말을 못했죠. [그러다가] 내가 딱 목격을 한 거예요.

[거기에 대해] 아무 이야기도 안 하고, 왜냐하면 내가 신분 보장을 받아야 해서 그때까지 참아야 되는 거였어요. 이 상황에서 내가 약하게 보이면 지겠더라고요. 그래서 안되겠다 싶어 더 세게 나갔죠. 그랬더니 그 사람이 자진해서, 어느 날 교회 갔다 왔더니, 짐을 싸 가지고 나갔어요. 결혼을 2005년도에 했나. [그 사람이 나갔을 때] 워크 퍼미트work permit(취업 허가증)와 영주권을 받은 상태였어요.

처음에 [미국] 올 때 딸은 대학을 다니고 있었기 때문에 유학 오는 것으로 학생 비자가 나왔죠. 아들하고 저는 관광비자로 왔죠. 불법이 되었죠. 아들하고 저는 불법이었는데, 그 도박쟁이 아저씨랑 결혼을 하는 바람에 그 사람이 시민권자니까 내가 오토매틱automatic(자동)으로 영주권을 받은 거예요. 내 영주권을 받으면서 우리 아들도 자동으로. 그 사람이 노름꾼이고 [나를] 힘들게 했지만, 그 사람 덕에 영주권을 받고, 시민권까지 받을 수 있게 된 거죠. 파란만장하죠?

"구술채록자: 한국인 남편하고는 호적 정리 안 하고 오신 거예요?"

[미국에] 와서 내가 말을 했죠. '이만저만 해서 내가 여기서 합법적으로 살기 위해서는 네가 이혼을 해줘야 한다, 이혼을 안 해준다면 내가 아들을 보낼게. 나는 불법으로 있어도 돼. 하지만 네 아들이 불법으로 있는 것을 허용하지 않겠다 그러면 나는 너한테 보낸다.'

그랬더니 이혼을 해주더라고요. 여기에서 저지judge(판사)한테 가서 이혼을 하겠다는 선서를 하고, 그래서 이혼이 됐지요.

이혼을 한 다음에 혼인신고를 할 수 있었죠. 여기서 결혼을 크게, 성대하게 했어요. 같이 사는 거를 증명해야 되요. 결혼식 했던 사진, 같이 살고 있는 주소, 같이 낸 빌bill(고지서), 유틸리티utility(공공요금) 그런 거를 판사한테 다 보여주고, 거기서 프루브prove(입증)가 난 거죠, 진짜 같이 살고 있구나. 결혼한 사진을 이만큼 가지고 갔어요. 같이 살고 있는 거를 증명을 한 거죠. 그거를 안 하면 가짜 위장결혼이 많기 때문에 안되거든요. 그 사람하고 5년을 같이 살았어요.

그 사람이 먼저 나갔어요. 그 사람이 [나하고] 이혼을 하지 않은 상태에서 여자가 생겼어요. 나한테 변호사를 통해서 이혼을 해달라고 서류가 왔어요. 서류가 왔는데, 나는 내가 돈 들여가면서 그걸(이혼을) 하고 싶지가 않았기 때문에 그냥 놔두었더니, 내가 대답을 안 했더니 변호사가 신문에 내는 거예요. 나한테 연락을 했는데도, 행방불명 내지는 그런 걸 신문에 내서 증명을 해야 되나 봐요. 그렇게 해서 그 사람이 이혼소송을 해서 이혼을 하고, [그 사람은] 다른 여자를 만나서 그렇게 하는 것 같아요. 그 후에 6명의 여자가 바뀌었대요. 그 사람은 한국에서 불법으로 온 사람들과 결혼을 해서 신분을 주는 장사를 한 거예요. 여기서(애리조나에서) 신문에 대문짝처럼 [비즈니스 브로커라는 광고를] 내고 다녀요.

저는 그 사람한테 돈을 준 거는 없지만, 제 착각인지 모르지만, 그 사람은 저를 많이 좋아했어요. 많이 좋아해서 자기 말로는 나이가 들어가니까… 여덟 살 위니까 45년생이에요. 한국에서 이혼한 남편은 한 살 차이니까, 나이 차이가 많이 나는 사람은 나를 많이 사랑해주고 나를 많이 푸근하게 해줄 거라는 기대치가 컸어요. 기대치가 많이 컸어요. 그런데 아니더라고요, 사기꾼이었어요, 많이 힘들었어요. 노름쟁이 이 사람이 큰오빠랑 동갑이니까 동생처럼 많이 보듬어줄 줄 알았어요. 그랬는데 절대 아니더라고요, 나이랑 상관이 없더라고요.

그랬는데 도박을 하고 우리 아들을 어뷰즈abuse(학대)한 것에 대해서는 내가 절대 용서가 안되더라고요. [그 사람은] 100불, 20불만 있어도 갬블gamble(도박)장에 가고 싶은 거예요. 그래서 이건 아니다. [그 사람은] 비즈니스 브로커예요, 신문에도 [광고가] 나오는 비즈니스 브로커예요. 그냥 사람들한테 다 거짓말해서 비즈니스를 파는 거예요. 저는 그 얘기를 들으면 너무너무 가슴이 철렁하고, 너무너무 싫은 거예요. 너무너무 싫지만 뭐 어떻게 하겠어요? 그래 가지고 자동으로 떨어져 나갔어요. 너무너무 파란만장하죠.

저한테 그러더라고요. '왜 마음의 문을 열지 않느냐?' '내가 마음의 문을 열지 않는 것은 당신이 올바르지 않은 거에 대해서 내가 굳이 말을 하고 싶지 않다.' 비즈니스 브로커 하면서 한국에서 온 여자들, 사람들을 다 꼬여 가지고 그 사람들한테 잘해 주면서 그 사람들이랑 맨날 라스베이거스 데려가고 어디 데려가는 거를 제가 알게 된 거예요. 그래서 '당신은 진실되지 못하고, 그 다음에 그렇게 하는 게 얼마나 길지 못한 짧은 시간밖에 허용이 안 된다는 걸 모르는 사람한테 난 내 일생을 맡길 수는 없을 것 같다, 그렇지만 나는 이혼을 안 한다. 네가 원하면 해라.' 그랬더니 어느 날 짐을 들고 나갔어요. 왜냐하면 나는 두 번 이혼했다는 그런 불미스런 거를 갖고 싶지 않았거든요.

정말 탁월한 선택을 했어요, 두 번 다 탁월한 선택을 했던 것 같아요, 두 번 다 이혼한 거. 저한테는 굿 찬스good chance(좋은 기회)를 줬잖아요. 만약 애 아빠랑 있었으면 애 아빠한테 계속 끌려 살면서 우리 애들은 아무 것도 안 됐죠, 나도 수렁에 빠지고. 거기에(한국에) 있으면 [애 아빠한테] 잡혀서 헤어지지 못할 것 같더라고요. 내가 [애 아빠한테] 그 얘기를 했죠, '나는 언젠가는 이 나라를 떠날 거야, 왜냐면 네가 나를 못 찾게.' 여기 와서도 힘들었지만, [한국에서 계속 살았더라면] 여기서 힘들었던 것보다 백배 더 힘들었을 거예요. 왜냐면 그 사람이 그런 허황된 거를 포기하지 않는 한 절대로 일어설 수 없는 거거든요. [미국에서 결혼한 남자는] 비즈니스 브로커 하면서 돈을 많이 벌어요. 그런데 항상 낫씽nothing(무일푼)이에요. 왜냐면 라스베이거스 가서 게임을 할 때 5,000불씩, 2,000불, 3,000불 배팅을 하는 사람이에요. [게임에서] 절대로 이길 수 없어요. 근데 그런 사람은 후회도 안 하더라고요.

불법체류자였던 영희는 "한국에서 불법으로 온 사람들과 결혼을 해서 신분을 주는 장사를" 하는 재미한인남성과 결혼을 하여 영주권을 받았다. 미국 시민권자인 그 남성은 지역 한인신문에 비즈니스 브로커라고 광고를 크게 내는 "노름꾼"인데, 영희는 영주권을 받은 후 결국 두 번째 남편과 이혼을 했다.

이민자의 대표적인 초국가적 경제행위는 고국에 남겨진 가족에게 송금을 하는 것이다. 영희는 반대로 고국에 남아있는 형제로부터 경제적인 도움을 받았다. 영희가 애리조나주에 와서 처음으로 시작한 자영업은 샌드위치 가게이다. 샌드위치 가게의 계약금으로 만오천 불이 필요했는데, 한국에 있는 작은오빠와 작은언니가 각각 만 불과

오천 불을 보내주어 그녀는 샌드위치 가게를 차렸다. 큰오빠의 초청으로 부모와 남동생 두 명이 애리조나주로 이민 올 때(이 장의 〈4. 미국과 한국에 사는 형제〉 173쪽 참조), 아버지가 한국에 있는 집을 팔아 작은오빠에게 많은 돈을 주었다. 영희는 딸인 자기에게도 아버지가 집을 팔아 생긴 돈의 일부를 달라고 작은오빠에게 요구했던 것이다.

영희가 미국 시민권자인 재미한인남성과 결혼할 때 그녀의 큰오빠는 그 남자가 한인사회에서 평이 나쁜 사람이라며 크게 반대를 했다. 그러나 그녀는 불법체류자 신분이었기 때문에 시민권자와 결혼하여 영주권을 받는 것 이외에 별다른 방법이 없었다. 그 남자가 "진실로" 자기를 "요만큼은" 사랑했다고 믿었고, 나이 차가 있으니까 자기를 "보듬어줄 줄" 알고 결혼을 했다는 그녀의 말은 자신의 선택에 대한 자기 합리화로 보인다.

영희는 두 번씩이나 이혼한다는 것을 받아들이기 싫어 망설였지만, 재혼한 남편이 도박을 하고 아들을 학대한 것은 용서할 수 없었다. 재혼으로 영주권을 받게 되었지만 재혼한 남편이 노름꾼이며 사기꾼인 것을 뒤늦게 알고 이혼한 자신의 삶을 그녀는 "파란만장"한 삶이라고 표현했다. 그렇지만 영희는 구술채록자에게 이야기를 하면서 두 번의 이혼 모두 "탁월한 선택"이었다고 스스로에게 다짐했다. 한국에서 첫 남편과 계속 살았다면 남편이 "허황된" 사업을 포기하지 않았을 것이기에 미국에서의 생활보다 더 힘들었을 것이고 아이들도 제대로 교육을 받지 못했을 것이라고 그녀는 생각했다. 두 번째 이혼한 것은 그녀가 재혼으로 영주권을 받았기에 미국에서 자기 인생을 스스로 개척할 수 있는 발판을 만든 뒤라 가능했다.

3 스시 바 주인

저 같은 경우에는 굉장히 럭키lucky한(운이 좋은) 케이스case(경우) 중의 하나라고, 나 나름대로 생각을 하는 이유가… [다른 사람이 하던] 일본회사 스시 바를 할 때 5,000불을 떼였지만, 제가 그 노름꾼이랑 결혼해서 신분을 받았잖아요. 그린카드green card(미국 영주권)를 받아서 회사의 스시 바를 정식으로 내가 오픈하게끔 프러포즈propose(제안)를 해서, 하나를 했어요. 그걸 하면서 제가 샌드위치 가게 두 개를 했어요.

[프랜차이즈 스시 바를 운영하던] 일본회사가 한국사람 [회사]로 넘어갔어요. 넘어갈 때 [한국회사가 스시 바를] 마흔 개를 받았어요. 마흔 개를 받았을 때, 갑자기 하루아침에 일본회사는 나가고 이 [한국]회사가 들어가야 하는데, 갑자기 이걸 할 수 있는 인력이 부족하죠. 저는 돈이 하나도 없었어요. 회사하고 딜deal(거래)을 했죠. '나는 돈이 하나도 없다, 그런데 이걸 해야 한다. 내가 할 수 있는 방법을 제시해 달라. 내가 할 수 있는 방법은 있다. 어떻게 하냐면 나는 열 달에 걸쳐서 2,500불씩 갚겠다. 나한테 해줘서 하라고 하면 나는 하겠다. 내가 하면 너희는 행운일 것이다. 나는 이걸 잘하는 사람이다.' 완전 공갈협박을, 저는 그런 기질이 있어요.

지금도 그래요. 일하는 애들 그만 둔다고 그러면, 저는 안 매달려요. '그래? 너 여태까지 참 잘했다, 잘 가.' 끝이에요. 매달리지 않아요, 매달리면 더 많은 걸 요구하거든요. 그래서 절대로 그건 아니다, 그 대신 있는 동안에는 정말 내 식구처럼 해줘요. 그래 [일하는 애들이] 오래 있지요.

그래 가지고 정말로 [스시 장사를] 잘했어요. 잘하는 트로피를 두 개나 받았어요. 그래서 결국 큰 거를 받을 수 있었죠. 이걸(큰 거를) 받기 1년 전에 나한테 회사에서 딜deal(거래)을 하더라고요. '네가 어느 로케이션location(곳)이든 큰 거를 하기 원한다면, 다 죽어가는 마켓 하나 네가 살려놓으면 [큰 거를] 주겠다.' '그럼 내가 가보고 나서 결정하겠다.' [가보니] 하루에 100불 파는 데에요. 버마 애가 하는데, 전날 남은 거 소스 잔뜩 해서 팔고. 그렇게 망쳐 놓은 데는 키우기가 쉽거든요. '오케이OK, 단 내가 안 하고, 내가 트레이닝training(훈련) 시킨 임플로이employee(종업원)를 쓰겠다. 모든 인컴income(수입)에 대해서는 텍스tax(세금) 제하고 나머지 모두를 그에게 주겠다. 나중에 너희가 나한테 큰 거를 주겠다는 조건 하에 내가 그거를 살려놓겠다.' 그렇게 딜deal(거래)을 했어요.

그래서 한 달 동안 트레이닝 시켜서, 한국사람, 스시맨인데, 대인관계가 안 좋은 사람이에요. 그 사람 와이프가 나한테 찾아와서, 우리 남편이 한 달에 1,000불만 벌 수 있는 기회를 만들어 줬으면 좋겠다고. '그래 그러면 좋다, 한 달 동안 시켜보겠다. 한 달 동안 시켜보는데, 잘하면 내가 좋은 찬스chance(기회)를 주겠다.' 보니까 사람이 융통성은 없지만 성실하더라고요. 그리고 술주정뱅이에요. 술주정뱅이는 네 그거(문제)고. 한 주일만 딱 그 사람과 일을 했어요. 첫 주에 얼마 팔았게요? 〈구술자 웃음〉 한 주에 500불 팔던 곳에서 3,400불을 팔았어요. 회사에서도 깜짝 놀랐죠.

제가 그랬죠, '당신이…' [그 사람이 나보고] 누님이라고 그래요, '당신이 먹고 살 것을 구축하려면 [한 주에] 3,000불 밑으로 떨어뜨리지 마라. 한 달이면 12,000불인데, 인건비 안 쓰고, 재료비 하고…' 그때 회사에서 [매출액의] 35프로를 가져갔거든요. '그러면 네가 45프로를 가져갈 수 있어. 45프로면 네가 5,000불을 가져갈 수 있어.

그렇게 할래, 아니면 사람 하나를 더 붙여줄까. 네가 초이스choice(선택)해. 사람을 더 붙여주면 너는 2,800불뿐 못 가져가.' 그랬더니 혼자서 해보겠다고. '굿 초이스good choice(잘 골랐어)! 너 그렇게 해.'

그래서 그 사람보고 하게끔 했는데, 지금까지 잘하고 있어요. 지금 [한 주에] 3,000불 선에서 팔고 있더라고요. 그 사람을 그렇게 성공리에 해놨기 때문에 내가 큰 소리를 칠 수가 있었죠. 그렇게 해서 이거(지금의 큰 가게)를 받게 됐고.

처음에 이것(현재의 스시 바) 반만 한 데를 25,000불에 받았어요, 회사한테서. 그걸 받았을 때는 돈이 한 푼도 없었어요. 그런데 25,000불을 1년 반 만에 갚았어요. 한국마켓 ○○식품 하는 아줌마한테 계를 들어서 10,000불을 만들어 인건비 주고, 아보카도 사고, 큐컴버cucumber(오이) 사고. 그렇게 힘들게 살고. 그래서 가끔 거울을 보면서, 내 어깨를 두들기면서 내가 그러죠, '장하다, 잘했다.' 제가 저한테 칭찬을 해요. 칭찬할 거리는 아닌지 모르겠지만, 이걸로 먹고 살았고, 우리 애 공부시켰고.

한국에서 제가 유치원도 하고 미술학원도 했잖아요? 그러니까 무엇을 하면 할 수 있다는 배짱 아닌 배짱과 자신감이 있었던 것 같아요. 스시를 하면서도 두 부부가 하고 남자 분들 하는 데가 많거든요, 그러는데 다 제가 제쳤잖아요. 미국 전 지역에서 제가 40위 안에 들어요. 배짱이 있는 건 나한테 큰 장점이었던 것 같아요, 공갈 협박이죠. 〈구술자 웃음〉

그리고 [한국에서] 누구 앞에 나가서 어셈블리assembly(집회) 하고 뭐 이렇게 하는 걸 해봤잖아요? 무엇보다 강의를 하러 다녔다는 게 내 자신이 프라우드proud했어요(자랑스럽죠). 유치원 교사들 150명, 180명 와서, 내가 강의를 하면 그 사람들한테 도움이 되었다는 생각을 하면 좋더라고요. 사회도 보고, 한국의 미술협회에서 사회도 보고 이랬던 것이 여기 와서도 영어를 못했지만 그런 자신감, 위축되지 않고. 내가 영어를 못하는 건 미국사람이 아니기 때문이야, 그리고 너는 한국말 할 줄 알아? 난 10프로는 언더스탠드understand(이해)하지만 너희는 제로zero, 이렇게 생각하거든요.

지금도 손님들이 스페셜 오더special order(특별 주문)를 하면, 다 들어요. 오케이OK, 그런데 내가 언더스탠드understand(이해)한 게 이건데, 맞아? 어, 맞는대요. '그래 그러면 기다려, 내가 지금부터 네 거를 위해 열심히 만들게.' 그러면 기다려요. 그 사람들이 또 손님이 되고 이렇거든요. [내가] 영어를 못해서 그 사람한테 다시 반드시 확인하는 게 중요해요. 왜냐면 내가 실수를 하면 손님이 떨어져 나가거든요. 그래서 반드시 확인해요. 그렇게 하면서 내가 나중에는 '너, 엑스트라 진저extra ginger(추가 생강)하고 엑스트라 와사비extra wasabi(추가 와사비/고추냉이), 필요하지 않니?' 이렇게 내가 덤으로 주는 거를 생색을 내죠. 그러면 '너, 줄래?' '그럼, 스페셜special로(특별하게) 너한테만 주는 거야.' 내가 이러면서 줘요. 커스터머 서비스customer service(고객 서비스)를 그런 식으로 하죠. 그런 것도 사기에 들어가잖아요. '너만 스페셜 커스터머야, 너는 아주 그레이트great(정말 좋은) 커스터머야.' 이러면서…. 〈구술자 웃음〉

유치원 하면서 학부형들 상담하고, 그런 게 많이 도움이 됐던 것 같아요. 무슨 일을 부딪쳤을 때 나는 못해, 이런 생각을 안 해봤다는 게 내가 오늘을 버티고 올 수 있는 큰 장점이 있지 않았을까. 저는 [한국에서] 미술학원, 유치원, 유아교육 했던 것보다 지금 스시 하는 게 너무 좋아요. 왜 좋으냐면 유치원은 행사가 너무 많아요. 어린이날 행사, 운동회, 캠핑 가야죠, 재롱잔치 해야죠, 미술전시회 해야죠,

스키 타러 가야죠, 스케이트 타러 가야죠, 수영….

영희는 돈 한 푼 없이 회사의 프랜차이즈 스시 바를 시작했다. 이는 자신한테 일종의 "공갈협박"인 "배짱"이 있기 때문이라고 이야기했다. 그녀는 자신의 배짱이 한국에서 미술학원과 유치원을 경영했던 경험에서 비롯되었다고 생각했다. 학부형들과 상담하면서 그녀는 무슨 일이든 해결하는 능력이 생겼고, 유치원 교사들 상대로 강의를 하면서 자신감과 자부심이 생겼다.

영희가 운영하던 스시 바의 매상이 좋다보니, 회사에서 내건 조건은 있었지만 그녀는 지금처럼 큰 슈퍼마켓 안에서 장사를 할 수 있었다. 그녀가 장사하고 있는 슈퍼마켓의 스시 바를 갔을 때, 애리조나주에는 그 슈퍼마켓 체인이 "백 몇 개" 있는데 이곳 슈퍼마켓이 "일곱 군데"만 있는 큰 슈퍼마켓 중 하나라고 그녀는 은근히 자랑을 했다. 지금껏 스시 장사를 해서 먹고 살면서 자녀교육을 시킨 자신한테 스스로 칭찬을 가끔 한다는 이야기는 구술자인 영희의 현재를 가장 강력하게 말해주고 있다.

4 미국과 한국에 사는 형제

형제가 일곱인데, 큰오빠 서강대 경영학과, 그 다음에 큰언니는 이대 가정과, 둘째언니는 이대 사회사업과, 둘째오빠는 서울공대 건축과, 그리고 저, 동생은 연대 정외과 다니다가 여기 왔고, 막내는 한국에서 중학교 때 [미국에] 왔으니까, 다 공부를 열심히 했어요. 저만 ○○대학 나오고. 노 초이스no choice(어쩔 수 없었어요)! 원서를 거기에만 내야 했으니까.

엄마가 고등학교 1학년 때 돌아가셨어요. 교통사고가 났는데, 안에 실핏줄이 터졌대요. 그 옛날에 씨티CT 촬영, 엠알아이MRI 그런 게 없었으니까 졸졸졸 새는 줄 몰라 가지고, 반신을 못 쓰게 돼 가지고, 마흔 다섯에 돌아가셨어요, 제가 고등학교 입학하고 3월 29일 날 [돌아가셨어요]. 애들이 일곱이니까, 엄마 돌아가실 때까지 일하던 언니는 엄마가 돌아가셨으니까 나도 내 갈 길을 가겠다, 그래서 시집을 갔고. 아침에 도시락을 네 명, 다섯 명을 싸야 하는데 누가 싸요. 그러니까 동네에서 주선을 해 가지고 새어머니를, 충청도 분을 새어머니로 중매 아닌 중매로 모셨어요. 그래서 우리를 키웠는데.

저희 아버지도 미국에서 13년 사시다가 한국 돌아가서 돌아가셨죠. 미국에는(미국에 온 사람은) 큰오빠, 큰언니, 나, 남동생, 막내동생. 큰오빠와 밑의 남동생은 이미 하늘나라로 갔고, 큰언니는 샌프란시스코에 있고.

막내동생은 미국에서 적응을 못하고 겉멋만 들어 가지고 힘든 거 하기 싫고 그렇게 좀 허황되게 살아 가지고 [한국에 살고 있는] 저한테 어느 날 전화가 왔는데, '누나, 나한테 5,000불을 보내주지 않으면 나는 자살을 하겠다.'고 전화를 했어요. 내가 너무 겁이 덜컥 나 가지고, '기다려봐.' 이러고 나서 원장실에서 가만히 생각해보니까 죽으라는 게 낫겠더라고요. 전화를 해서 '누나가 생각해봤는데, 누나는 그만한 돈도 없고 네가 죽어라. 죽을 마음을 가지면 왜 못 사냐. 그런데 5,000불 때문에 네가 죽겠다면 가치도 없으니까 죽는 게 낫겠다, 죽어라.' 내가 그래 버렸어요. 그랬더니 어떻게 누나가 죽으라고 할 수 있냐고. '그렇지만 네가 한국으로 와서 누나한테 신세 지겠다면, 비행기 티켓은 보내주겠다.' 그랬더니 '한국 가서 뭐하고 사느냐?' '그건 네 초이스choice(선택)지. 거기서 할 거 없으면 여기서도 못하고, 그러면 죽어야지.' 그랬더니 비행기 값 보내 달래요. 500불 보내줬죠.

그래 가지고 [막내동생이] 왔는데, 공항에 내리는 거 보니까 색sack(자그마한 배낭) 하나 들고 왔더라고요. '거기 뭐 들었어?' 삼각 수영복 팬티, 선글라스, 티셔츠 2장, 찢어진 청바지, 그걸 가지고 온 거예요. 그래서 '너 죽었어야 하는데 온 것 같다.' 〈구술자 웃음〉 동생이 일곱 살 때 엄마가 돌아가신 거예요. 형제들이 다 질려 가지고 그 애를 케어care(배려)를 안 하는 거예요. 케어care를 할(돌볼) 수도 없고 나이가 서른이 넘었는데, 그래서 제 집에 데리고 있으면서.

제가 피아노 학원까지 같이 했었어요. 미술학원, 피아노 학원, 유치원을 같이 했어요. 피아노 교사를 동생한테 소개해 줬어요. 막내동생은 자칭 한국 아랑드롱이예요. 〈구술자 웃음〉 피아노 선생이 보니까 인물은 나쁘지 않으니까, 워낙이 [내] 동생이라고 그러니까 우리 집안에 대해서도 알고 그러니까 만나더라고요. 피아노 선생은 아버지가 없고 홀어머니 밑에서 자란 선생이에요. 아주 심성이 좋고 내 밑에서 7년을 일했으니까 믿을 만하잖아요, 그래서 동생을 소개해 주고. 동생은 내가, 그때 막 [아이들이] 영어 배우려고 하는 붐boom(대유행)도 있고 하니까, 목동이니까 모집이 잘 되더라고요. 원장 동생이 미국에서 왔다고 그러니까. 대학도 여기서(미국에서) 칼리지college(전문대학) 나온 녀석인데, 그래도 애들, 국민학생들, 유치원생들 모아 가지고 영어 가르치게 하고, 그래서 결혼을 시켰지요.

동생 얘기를 들어보니까, 여기서(미국에서) 큰형이, 큰오빠가, 굉장히…. 내가 여기 오니까 이해를 하게 되더라고요. 동생을 너무 무시하고, 동생을 너무 많이 부려먹고, 제대로 대접을 안 해줘서 거기에 대한 상처가 깊더라고요. 그래서 오렌지카운티의 셋째형한테 갔는데, 막내가 성실하지 않은 애니까, [셋째형이] 거기서 스왑 미트swap meet(중고품 가게)를 하는데, 이 녀석이 맨날 멋만 부리고 장사에 그렇게 하지 않고 그러니까 동생도 올케도 또 질린 거예요. 자기가 열심히 하면 [영주권자] 신분이 되니 우체국 [직원]이든 뭘 하든 했으면, 성실하게 했으면 충분히 살 수 있었는데, 못 그랬어요.

지금도 [막내동생은] 역시나 그래요. 한국 가서 지금 김포에 사는데, 영어교사를 하고 있어요. 그런데 여기(미국) 유학 갔다 온 사람 얼마나 많아요. 영어 가르칠 수 있는 사람 너무 많고, 또 외국인들 되게 많거든요. 그러니까 힘들죠. 올케는 피아노 반주는 하지만, 나이가 들어가니까 [애들은] 젊고 예쁜 선생들한테 배우고 싶어 하죠. 그러니까 지금 올케는 보험회사에서 보험상품 파는 거 하고 있고. 그래도 둘이서 먹고 사는데 지장이 없는지 그렇게 살고 있지요. 그러니까 좀 안 됐어요, 막내동생이.

"구술채록자: 형제 중에서 누가 제일 먼저 미국에 왔어요?"

큰오빠요. 큰오빠가 서강대 경영학과 나와 가지고 텍사스주립대 대학원에서 어카운팅accounting(회계학) 공부를 했어요. 아마 그걸로 학위를 받은 것 같아요. 올케가 ○○여고 보건선생님으로 있다가 [미국에] 먼저 왔어요. 텍사스에 간호사로 왔는데, 오빠랑 결혼신고를 해가지고, 오빠가 여기 와서 올케가 공부시킨 거지요. 그런데 둘이 이혼

했어요. 새 올케랑 결혼해서 아들 둘을 낳았는데, 큰조카는 약대를 나와 가지고 타겟 팔머시Target Pharmacy에서 디렉터director(책임자)인 것 같아요. 둘째는 에이에스유ASU(Arizona State University, 애리조나주립대학교) 졸업했는데 한국에 나가서 영어선생 하고 있어요. 큰오빠는 돌아가셨고. ○○가든이라고, 큰오빠가 한식당을 여기서 했어요.

"구술채록자: 그 다음에 두 번째는 누가 미국에 왔어요?"

아버지하고 밑의 남동생, 막내동생, 같이 왔죠, [큰]오빠가 초청을 해 가지고, 새어머니하고. 밑의 남동생은 여기로(애리조나로) 왔는데, 큰오빠가 '아버지하고 엄마하고 막내동생하고 너까지 다 데리고 있을 수 없다. 너는 오렌지카운티로 가서, 영주권을 받고 왔으니까, 뭐든지 해라.' 그래서 그 애가 처음에 일본사람이 하는 전자제품 파는 가게에서 일을 하다가, 우체국에 들어가서 올케를 만나 가지고 스왑미트swap meet(중고품 가게)를 했어요. 그랬는데 [큰]올케가 아주 만만치 않은 올케여서 아버지하고 엄마한테 참 힘들게 했던 것 같아요. 그래 다시 [부모님은] 오렌지카운티의 남동생한테 가서 있다가, 웰페어welfare(사회보장연금)도 받고 그러셨는데, 한국에 가서 죽겠다 그래 [가지고], 다시 한국에 가셔서 돌아가셨죠.

밑의 남동생은 나중에 인쇄소를 했는데 인쇄소가 잘 안되니까, 애리조나가 2005년도에 집값 막 오르고 그럴 때 오렌지카운티의 집을 팔고 여기로 이사를 왔어요. 노름꾼 허즈밴드husband(남편)가 남동생에게 타이어 가게 하나를 차리게 해주겠다고 소개해 주었어요. 남동생 처남이 뉴멕시코에서 치과를 크게 해서, 완 밀리언one million(백만 불)인가 1.5 밀리언을 도와줘서 차렸는데, 사업이 망했어요.

물론 동생이 처남 치과공부를 다 시켜줬지만, 처남이 대준 큰돈을 다 날렸는데…. 노름쟁이 허즈밴드가 동생한테 사기를 친 거죠. 그래서 동생이 자살을 했어요.

"구술채록자: 아이고…."

큰오빠 것도, 인도사람이 하는 얼트레이션alteration(옷수선집)인데 주인이 안 가도 한 달에 3,000불씩 벌 수 있다고 사라고 해서, 몇 만불은 아니지만 샀는데 그것도 사기라서 다 날렸지요. [노름쟁이 허즈밴드가] 제 형제들 것도 다 해 먹었죠.

아이고, 저 때문에 형제들 난감한 처지를 많이 만들었어요. 정말 제가 잘못 선택한 인생이었죠. 내가 왜 그렇게 밖에 살 수 없었나. 돌이켜보면 나는 정말 나쁜 짓을 안 했는데, 남한테 사기 치지도 안 했고… 나는 솔직하고 열심히, 부지런하고, 건강하고, 그리고 나에 대한 책임을 질 줄 안다고 생각하면서 살았는데, 그게 다가 아니었구나. 나는 가정교육을 잘못 받은 것도 아니고, 그 다음에 형제들이 옳지 않은 일을 하면서 산 형제도 없었고, 우리 아버지도 돌아가신 날까지 그 연세에도 〈타임즈〉Times 다 읽으시고….

영희는 인터뷰 시작 부분에서 미국에 오게 된 과정을 이야기하면서 첫 번째 남편 집안과 자기 집안의 문화적 차이를 언급할 때, 일곱 형제 모두가 공부를 잘했다는 말을 했다. 스시 장사를 해온 이야기를 마친 후, 4남 3녀 중 다섯 번째이면서 딸로서는 세 번째인 그녀는 공부를 잘했던 형제 이야기를 다시 했다.

영희의 가족 중 큰오빠가 미국에 제일 먼저 오고, 큰오빠가 초청을 하여 아버지와 새어머니 그리고 남동생 둘이 미국 애리조나주로 왔다. 샌프란시스코에 사는 큰언니는 언제 어떻게 미국에 왔는지 이야기를 하지 않았다. 일곱 형제 중 작은언니와 작은오빠만 미국에 오지 않았고, 중학교를 다니다 이민을 온 막내 남동생은 미국생활에 적응을 하지 못하고 영희가 미국에 오기 전 한국으로 돌아갔다. 한식당을 하는 큰오빠가 많이 부려먹고 대접을 안 해줘서 막내동생이 상처를 받았다는 이야기를 그녀는 애리조나주에 와서 이해하게 되었다. 그녀가 미국에 오자마자 3개월간 큰오빠네 한식당에서 웨이트리스 일을 하다가 나온 이유도 아마 가족노동자의 한계 때문인 듯싶다.

다른 형제들은 한국에서 공부를 잘했는데, 막내 동생은 미국에서 전문대학을 나왔다. 막내 동생이 졸업을 한 뒤에도 미국생활에 적응을 잘하지 못한 것을 보면, 그는 이민 초기부터 적응을 잘못했던 것으로 보인다. 한국에 조기 영어교육의 바람이 불 때 미국에서 한국으로 돌아온 막내동생은 영어선생을 할 수 있었다. 미국에서 출생한 2세인 큰오빠네 둘째 조카도 애리조나주립대학교를 졸업하고 한국에 가서 영어를 가르치고 있다.

영희의 남동생이 애리조나주에서 사업에 실패했다는 대목에는 그녀의 두 번째 남편이 등장한다. 애리조나주에 부동산 붐이 일어날 때인 2005년에 캘리포니아주 오렌지카운티에서 애리조나주로 이사 온 남동생은 비즈니스 브로커인 그녀의 두 번째 남편이 소개해준 타이어 가게를 하다가 망했다. 어떻게 하다가 망했는지에 대해서 자세하게 이야기를 하지 않은 채 "노름쟁이 허즈밴드가 동생한테 사기를 친" 것이라고 그녀는 단정을 내렸다. 큰오빠도 두 번째 남편이 사라고 한 옷수선집을 샀다가 "사기라서" 다 날렸다고 한다. 두 번째 남편을 잘못 선택한 것 이외에는 그 어떤 잘못도 안 하고 "나에 대한 책임을 질 줄 안다고 생각하면서" 열심히 살아왔다고 생각하는 그녀에게 자기 때문에 남동생이 자살할 정도로 형제들에게 큰 피해를 입혔다는 상처가 깊은 것처럼 보인다.

5 아들과 딸

우리 애(아들)는 여덟 살 때 [미국에] 데려왔어요, [큰애랑] 12년차 나거든요. [큰애] 중학교 1학년 때 낳았어요. 우리 애(큰애)가 ○○부국 졸업하고, 중학교 1학년 때가 아니고 [○○부국] 졸업한 다음 날 애기를 낳았어요.

우리 애(아들)가 [애리조나에서] 다니던 고등학교가 그때만 해도 월남 애들, 멕시칸 애들 다니던 곳이었어요, 신흥 도시(주거지역)였지만. 애들한테 꼬여 가지고 마리화나를 해 가지고 학교에서 걸리고 코트court(법정)도 가고. 마리화나 했으니까 매주 가서 오줌 테스트하고, 마약을 했는지 안 했는지 테스트를 해야 했고. 그걸 다 했는데, 우리 애가 얼마나 힘들었을까 생각하니까, 물론 똑똑하고 알찬 녀석이면 그런 데 안 빠졌겠지만. 내가 너무 그 애를 방치해 놓고, 나의 그런 것만 생각하고 자식을 생각하지 않았다는 것이 너무 죄책감이 드는 거예요.

한국에서는 형편이 정말 좋게 살았었기 때문에 우리 딸애는 ○○부국 다니면서, 돈을 펑펑 써가면서 애를 키우고. 수중발레까지, 태릉선수촌까지 가서 스케이트 시키고, 드로잉drawing(데생/소묘) 개인

레슨까지 다 시키고 그렇게 키웠는데. 아들 녀석은 태어나서부터 아빠가 하는 일이 너무 큰 거 벌려나서 다 망하고, 망해서 미국까지 쫓겨 왔는데, 여기 와서도 내가 케어care를(돌보지) 못해 가지고, 걔가 애들한테 넘어가서 그런(마리화나 피우는) 걸 했고. 다행히 내가 영주권을 딴 상태였기 때문에, [아들이] 열여덟 살 밑이니까 내가 영주권을 따면 오토매틱automatic(자동)으로 따잖아요. 그래서 영주권까지는 땄는데, 그런데 시민권을 신청하니까 떨어졌죠. 그런 전적이 있으니까.

그래 지금 생각하면, 고등학교 3학년 때 이 녀석이 학교 가는 척하고 내가 일하러 가면 집에 들어가서 자고 학교 안 가고 그런 일을 많이 했던 모양이에요. 그걸 몰랐어요. 출석일수가 안되니까 졸업이 안되는 거예요. 그래서 마지막에 제가 그랬어요, '너는 졸업을 못하면 우리 한국 가자.' 그러니까 [아들이] 교장선생을 찾아가서 이야기했대요. '나는 꼭 졸업을 하고 싶다, 졸업을 해야 한다, 어떻게 하면 졸업을 시켜줄 수 있겠냐?' 그랬더니 '네가 졸업하겠다면 두 가지 방법이 있다. 졸업하기 전에 올 에이All A를 받고 [앞으로] 한 번도 결석을 안 하면, 그 두 가지를 지켜준다면 졸업을 시켜주겠다. 노초이스no choice(다른 방법이 없다). 온리only(단지) 그것밖에 없다.' 그랬더니 자기가 트라이try(노력)하겠다고 해서, 진짜 올 에이를 다 받고 결석을 안 해 가지고 졸업을 간신히 했어요.

졸업을 간신히 했는데, 그 애가 하는 소리가 '엄마, 나는 에스에이티SAT(Scholastic Aptitude Test, 대학수능시험) [성적]도 안 좋고, 에이에스유ASU를 가고 싶지 않고. 요리학교를 가겠어요.' 르꽁드블루Le Cordon Bleu라고, 그거 굉장히 레슨비가 많이 들어가요, 1년에 43,000불인가 들어가거든요. 그래서 거기에 갔어요. 페데랄 론Federal loan(연방 융자)은 받았어요. 갔는데, 칼도 안 잡아 봤던 놈이 그거를 하겠다고 그러니까, 초이스choice(선택)가 없잖아요, 학교는 보내야 되겠고. 그래서 갔더니, 아무 것도 모르니까 처음에는 굉장히 인종차별도 받고, 이까짓 애가 뭘 할 줄 아나. 그런데 그냥 어깨 너머로 배우고 배우더니, 이거 재밌다고. '엄마, 할 수 있겠어요.' 애들이 무시해도 해보겠다고.

그렇게 해서 공부를 시작했는데, [아들이] 내 기대치 이상보다 잘 참아 주더라고요. 거기(르꽁드블루)는 1월 달에 잡 페어job fair(채용박람회)를 해요. 스코츠데일Scottsdale에 있는 리조트나 아니면 무슨 유명한 레스토랑에서, 요리학교니까 거기에 있는 애들을 하이어hire(고용)하기 위해서, 여러 명이 와서 애들 일하는 것을 봐요. 저 애를 내가 트레이닝training 시켜보겠다고 픽업pick up을 하는데(뽑는데). 몬텔레시아라는 리조트에서 애를 픽pick(선택)했어요. 그래 가지고 그녀석이 열여덟 살에, 9월 달에 [학교] 들어가서 1월 달부터 거기에서 일했죠.

아들은 지금 저한테 그래요. '엄마는 내 히로hero(영웅)야.' '왜~?' '엄마는 아무 것도 없는 낫씽nothing에서 우리 가르쳐 줬고, 내가 그렇게 나쁜 짓을 했는데 자기(나)를 포기하지 않았고, 자기(나)를 제일 jail(교도소)에 가지 않게 힘들게 돈 들여서 변호사를 사서 다 해주었고. 엄마는 세븐 데이seven day(7일 동안) 일하지 않았냐. 자기(나)는 지금 식스 데이six day(6일간) 일하는데도 힘든데, 엄마는 나이도 많게 시작했는데 어떻게 세븐 데이 일을 했냐.'고. 그 얘기를 해주더라고요. 이러면 나는 된 건가….

큰애는 에이에스유ASU 그래픽 디자인, 그 애는 원래 그림을 그리고, 형편이 좋았을 때 한국에서 [미술] 레슨도 받고 그랬어요. 다 망하는 바람에 스톱stop되고(그만두고) 못했죠. 사위도 에이에스유ASU

나오고, 둘이서 거기서 알고 지내던 사인데. 지금은 둘 다 한국으로 가서 결혼을 했지요. [미국에 올 때] 큰애가 스무 살이죠. 열여덟 살 이상이기 때문에 그 애는 학생비자로 왔죠. [큰애는] 신분이 불법이 아니었기 때문에, [대학]졸업을 하고서 스폰서sponsor(보증인)를 찾는데 아무도 스폰서를 안 해주는 거예요, 미국에서. 그래서 1년 있다가 다시 한국으로 갈 수밖에 없었어요, 왜냐하면 불법이 되니까. 우리 사위도 마찬가지, 사위는 산업공학과를 나왔거든요. 사위도 여기서 잡job(직장)을 못 잡으니까, 둘 다 한국을 갈 수밖에 없었던 거죠.

[딸네는] 결혼해서 잘 살고 있어요. 그런데 애를 안 낳고 있어요. 제가 시민권자여서 [딸네 이민] 신청을 했는데, 한 12년 걸려요, 오려면. 신청을 해서 5년이 됐으니까 7년을 기다려야 해요. 그런데 사위가 직장이 중소기업이지만 반듯한 회사를 여의도에서 다니고 있고. 그리고 사위가 싱글 선single son, 외동아들이에요. 사돈네도 있고 그러니까 오는 게 쉽지가 않을 것 같아요.

그런데 굳이 오라고 하고 싶지 않아요. 한국에서 제대로 살고 있고, 잠실에 작지만 35평짜리 아파트, 시댁에서 해줘서 돈 나가는 거 없고, 그리고 애 없고 그러니까. 아무튼 손 안 벌리고 살 수 있는 것 같아서 고맙죠. [그렇지만] 공부한 게 아깝죠, 우리 딸 공부한 게 아까운데. 그런데 딸아이가 하는 말이 엄마처럼 그렇게 열심히 살 자신도 없고, 하고 싶지도 않다고, '그렇게 열심히 했으나 안 했으나 내 팔자가 더 좋은 것 같아.' 그렇게 이야기하는데 내가 기가 막혀서. 〈구술자 웃음〉

요번 8월 달에 [첫 번째 남편이] 돌아가셨어요. 사망을 하고 나니까 구청에서 우리 딸한테 연락이 왔는데. [그 전에] 구청에서 [딸한테] 연락이 왔다는 거예요. [애 아빠가] 딸이 한국에 왔다는데 찾아

달라고. 딸이 저한테 전화를 했어요. '기다려봐.' 제가 구청에다가 직접 전화를 해서 '우리 딸은 지금 엑스 허즈밴드ex-husband(전 남편)하고 통화하기를 거절한다. 만약에 통화를 해야 되는 상황이면 나는 우리 딸을 미국으로 다시 데리고 오겠다. 차단시켜 달라.' 제가 여기서 전화를 해서 신청을 했어요. 그랬더니 차단이 돼서 연락을 안 해 줬는데, 사망을 하니까 [구청에서] 우리 딸한테 연락을 해서, '장례식도 안 치를 거냐.'

딸이 장례식 치르겠다고 하니까 모든 채무관계가 애한테 다 오는 거예요. 그거를 받으면 우리 딸과 아들이 다 변제를 해야 하는 거예요. 그래서 변호사를 사 가지고 상속 포기서 [쓰고]. 그걸 하기 위해서 은행에 갔더니 통장 하나는 50원 남았고, 하나는 80원 남았고, 또 하나는 57만원 남았고, 일곱 군데 은행에. 땅이 몇 만 평 있는데, 다 차압되어 있는 거예요. 그걸 처리하는데 아들은 여기 있으니까 위임장서부터 서면신고서, 인감증명, 뭐뭐 해서 영사관을 한 달 동안 일주일에 한 번씩 갔어요.

장례식 때 제가 만 불을 보내주면서 딸한테 '네 돈은 1센트도 쓰지 마라. 아빠한테 받은 게 1센트도 없는데, 네가 1센트도 쓸 필요 없다. 그러나 나는 너희들을 위해 쓸 수가 있다. 아빠를 위해 쓰는 게 아니라 너희를 위해 쓸 수가 있다.'

"구술채록자: 아들은 갔었어요? 장례식에?"

아니요, 안 갔죠. 딸한테 [말하기를] 나는 네 아빠를 살아서도 용서를 안 했는데, 죽어서는 더 용서가 안 된다. 어떻게 하면 너희한테 이렇게까지 죽어서까지 힘들게 하느냐, 무책임하게 하나도 정리를

180

안 해놓고 갈 수가 있느냐, 물려주지는 못할망정. 그거가 제 팔잔가요? 팔잔가요?

[애 아빠는] 처음에 ○○산업 카 세일car sale(자동차 판매)을 했어요. 언변이 너무 좋은 사람이에요. 카 세일해서 항상 랭킹 1위였어요. 그래 가지고 목동에 빌딩의 분양권을 따 가지고 자기가 다 분양을 하고. 그러니까 사기꾼인 거죠. 저는 사기꾼 두 사람하고 결혼을 한 거죠. 어떻게 생각하면 제가 그런 사람을 선택한 거는 저도 어느 정도 그런 끼가 있었던 거죠. 그리고 그런 거를 내가 좋아했으니까 결혼을 한 거죠. 그래서 그 사람들한테 다 책임을 물을 게 아니라 내 선택이었으니 내가 잘못한 거구나. 분명한 거는 99프로는 그쪽들이 잘못했지만, [내가 잘못한] 1프로가 100프로만큼 잘못한 거다, 생각을 하죠.

참 미안한 말이지만 첫 번째 남편이 빨리 돌아가셔 준 것은, 상속 포기 하느라 힘들었지만, 빨리 돌아가셔 준 것은 감사한 것 같아요, 애들한테. 그렇지 않았으면 항상 우리 [딸]애가 조마조마 하면서 거기서 살았거든요, 연락 올까봐.

영희는 형제에 대한 이야기뿐만 아니라 미국에 올 때 데리고 온 자녀에 대한 이야기도 자세하게 했다. 그녀는 IMF 사태로 첫 번째 남편의 사업이 망하자 자녀들이라도 제대로 교육을 시키고 싶어 자녀들과 함께 미국에 왔다. 딸은 학생비자로 왔지만, 그녀와 아들은 관광비자로 미국에 와서 눌러 앉았다.

여덟 살 때 미국에 온 영희의 아들은 고등학생 때 마리화나를 피워 재판을 받았고, 고등학교도 간신히 졸업했다. 영희가 아들한테 "졸업을 못하면 우리 한국 가자."고 으름장을 놓으니 아들이 그때부터 노력을 해서 졸업할 수 있었다. 한국에서 딸을 키웠을 때는 형편이 좋았을 때라 개인레슨까지 시켜줄 정도였는데, 미국에서 아들을 키울 때에는 딸과 비교가 되어 영희는 아들을 "방치해 놓고" 키웠다는 자책감을 느꼈다. 그녀는 두 번째 남편이 아들을 학대한 것이나 아들이 학교에 자주 결석한 것도 뒤늦게 발견했고, 이혼 후에도 일주일 내내 일하느라 아들을 제대로 보살피지 못했던 모양이다.

그러나 아들이 현재 요리사로 열심히 살고 있고, 나쁜 짓을 했는데도 자기를 포기하지 않은 어머니를 영웅으로 생각한다는 아들의 이야기에 영희는 힘을 얻고 있다. 그녀는 특히 스코츠데일에 있는 리조트에서 아들이 요리사로 일하고 있다는 것을 강조했다. 스코츠데일시의 공식 홈페이지도 이곳이 1990년대와 2000년대에 레스토랑과 리조트가 많이 들어왔다고 소개하고 있다.[2]

영희의 딸은 유학비자로 어머니랑 남동생과 같이 미국에 왔지만, 대학을 졸업한 후 미국에서 직장을 잡지 못해 한국에 돌아갔다. 딸과 사위는 애리조나주립대학교에서 만났는데, 사위 역시 미국에서 직장을 구하지 못해 한국에 돌아갔다. 딸이 한국에 돌아가자 친아버지가 딸을 찾는다고 해서 영희는 미국에서 한국의 해당 구청에 "직접 전화를 해서" 친아버지와의 연락 차단을 신청했다. 이 때 영희는 만약 딸이 아버지와 연락이 되면 딸을 다시 미국에 데리고 오겠다고 엄포를 놓았던 모양이다.

아버지가 죽자 딸이 장례식을 치르겠다고 하니까, 영희는 딸보고

---

2) https://www.scottsdaleaz.gov/about/history (검색일: 2020.6.17).

아버지 장례식에 한 푼도 쓸 필요가 없다면서 만 불을 보내줬다. 미국에 사는 아들은 비록 아버지 장례식에 참석하러 한국에 가지는 않았지만, 영희가 미국에서 장례식 비용을 송금했다는 것은 한국에 있는 가족과 계속해서 연결이 되어있다는 것을 말해준다. 그녀는 애들 아빠가 채무만 남긴 채 죽어 자녀들이 상속 포기를 했던 상황을 자신의 "팔자"로 돌렸다. 나아가서 두 명의 남편 모두 "사기꾼"으로 생각하면서, 어쨌든 본인이 선택한 결혼이기에 자신의 잘못도 인정했다.

6 회고와 전망

그런데 [제 이야기에서] 도움이 될 만한 게 있나요? 미국에 올 때는 사람들이 이렇게 다 사연이 많아요. 이야기하기 싫어서 그렇지. 저는 감추고 그러는 스타일은 아니고요. 미국에 와서 평범하게 사는 사람도 많겠죠. 그런데 저처럼 이렇게 열악한 조건을 가지고 살았던 분들은 많지 않았을 것 같아요. 생각해보면 너무 기가 막히고….

엄마가 일찍 돌아가셔서 그런지요. 우리 형제들이, 있는 형제들끼리는 서로 모이고, 형편이 안 좋은 형제들은 배척하고 귀찮아하고. 전화를 하면 '왜?' 이런 것부터 나와요. 전화하면 '어, 누구니?' 이게 아니고, '왜?' 이러고. 그러면 전화하기 싫은 거죠. 그런 거에 대한 설움도 있고. 그리고 내가 혼자 되니까 '네가 칠칠치 못하고, 네가 선택을 해서 네가 잘못된 결혼을 한 거지, 누가 너더러 그렇게 하랬어?' 이렇게 나오니까 그런 거 이야기하기 싫고. '네가 똑똑하지 못해서 가정 풍지박산(풍비박산)에 일조한 거지. 누가 그렇게 시키지 않았다.' 맞는 말이거든요.

애 아빠가 너무 저지른 게 많고, [애 아빠와] 안 살아야겠다는 생각을 계속 계속 하면서 살았어요. 너무 일을 많이 저질러 놓고 감당은 못하니까, 내가 안 살아야겠다는 생각이 들더라고요. 그런데 언니나 오빠는 절대, 내가 그런 거에 대해서 말하기도 싫었지만, 아는 척 안 해주고. 말이라도 길잡이를 해줬으면 좋은데 그렇게 안 해주고. 그러면 내가 상처 입어서 더 말하기 싫어지고. 그것도 내가 그냥 오픈하고, '나 이만저만 해서 너무 힘들어, 이럴 때 나 어떻게 해야 돼?' 이렇게 오히려 언니나 오빠랑 상의를 하고, 내가 갈 길에 대해서 나 혼자 결정 못하는 걸 도움을 받았었다면 어땠을까, 이런 생각도 하고.

그러지 않을 바에는 아예 같은 길을 가면서 내가 그 사람 하는 거를 막고, 막고, 요만큼씩만 우리가 하자, 내가 리더를 안 하고 왜 남자만 리더를 해야 하게끔 내가 왜 그렇게 생각하면서 살았나. 하다못해 유치원 버스 기사라도 해라, 이렇게 내가 말을 하지 않고. 그 사람이 하는 걸 미워해 가지고 너 하든지 말든지 그렇게 내가 했던 게 그 사람을 더 무너뜨린 원인을 제공한 것 같았어요. 그런 걸 생각해볼 때 내가 살면서 정말 잘못하고 살았던 게 너무 많구나.

내가 돌아보면, 그 사람 탓만 했지만… 99프로는 그 사람(첫 번째 남편)이 잘못했어요. 그런데 그(나머지) 1프로가 100프로만큼 내가 잘못한 거더라고요. 무슨 말인지 이해하겠어요?

"구술채록자: 네, 무슨 말인지….."

내가 고생을 할 수밖에 없었구나, 내가 나를 그렇게 만들었구나.

184

그리고 내가 그 사람을 조금이라도 인정을 해줄 걸. '네가 능력은 안 됐지만 그래도 그런 거 한 거는 참 대단했다.'[고 말할 걸]. 그리고 내가 설득을 왜 못했나. [첫 번째 남편이] 큰 거(사업) 할 때 내가 '하지 말자, 우리는 4층짜리 건물에서 나오는 임대료, 아파트에서 받는 전세금, 내가 유치원 하고 그러니까.' 학생 수가 200명, 230명이었거든요. '내가 버는 돈으로 충분히 우리는 정말 넉넉하게 살 수 있지 않느냐. 그런데 왜 그렇게 크게 해서 다 없애버려야 되느냐.'

그때 내가 이혼도 못하고 했던 것이 형제, 부모, 친구, 여러 가지 주변을 생각한다고 입으로는 말했지만 정작 나는 그렇게 안 하고 나만 생각하면서 살았더라고요. 지금도 그래요, 지금도 그래요. 누가 나를 저지judge(재단)할까봐 걱정되고, 나는 내가 하는 것만 충실히 해서 누구한테도 손해 주기 싫고, 누구한테 도움받기도 싫고, 이런 생각을 너무 강하게 하면서 사는 거죠. 그래서 지금 나를 위해서 투자를 해서 여행 가고, 드럼 치고, 기타 치고, 그림 그리고. 내 위안을 위해서 하는 거예요, 내 위안을. 굉장히 셀피시selfish(이기적)죠, 굉장히 셀피시selfish죠. 그러면서도 입으로는 누군가를 위해서 뭔가를 도와주고 싶다, 그건 사치스러운 말이에요, 나는 그렇게 못하면서. 말은 할 줄 알아요, 그런 것들이 인간적으로 굉장히 많이 내가 회의에 빠지는 요인도 되요.

나름대로 나의 생활철칙을 가지면서 살려고 노력을 하지만. 아침에 눈을 뜨면 물 한 잔을 마시고, 성경 구절을 영어로 쓰고 한글로 쓰는 것은 성경을 알기 위해서가 아니라 영어공부를 하기 위해서 시작했어요. 그걸 4년째 하거든요. 그리고 시간이 허락하면 제가 학교를 다녀요. 커뮤니티 칼리지community college에서 영어 클래스 듣고 그러거든요. 나는 내가 생각할 때 나름대로 되게 열심히 살아요.

그런데 항상 공허하죠, 공허하죠, 채워지지 않고. 욕심이 너무 많아서 그런가, 아니면 아직도 내가 정신을 못 차리고 잘못 살고 있는 건가, 그걸 잘 몰라요, 그걸 잘 몰라요.

살면서 정답이라는 건 없는 거 같아요. 정답이라는 건 없는데, 내 삶의 기준과 나의 라이프 스타일은 내가 만들어가는 건데, 정신 차리고 그거를 수습할 수 있는 것도 능력자라고 생각해요. 저는 능력자가 아니었던 거예요. 지금도 모르겠어요.

가게를 두 개를 하다가 하나를 팔았어요. 그거 팔은 거를 우리 아들 이름으로 내가 죽기 전에 우리 아들 이름으로 집을 살 계획이에요. 20프로 정도 다운 [페이먼트down payment] 하고(계약금 내고). 그러면 내가 비빌 언덕이 있지 않을까. 그리고 그 애를 위해 한 달에 200불씩 30년 동안 붓는 게 있어요. 그러면 삼십만 불 나오는 인슈어런스insurance(보험)가 있어요, 그런 것도 넣어주고. 내 라이프 인슈어런스life insurance(생명보험)는 내가 죽으면 장례 치르고 나서 십만 불이 아들한테 들어가요. 내가 돈을 현찰로 아들한테 주지는 못하더라도 사십만 불이 [아들한테] 들어가고. 집을 한 십만 불 정도 다운하고 그러면, 지금 내 것 렌트비가 2,700불 되는데 [집을 사서 매달 내는 돈이] 그것보다 조금 내지 않을까. 그 애 이름으로 하면 나중에 내가 빌bill을 쓸 필요가 없잖아요? 그렇게 준비를 하고 있어요.

도움이 됐나요?

"구술채록자: 네, 네."

영희는 자신의 생애이야기를 거의 끝마치면서 미국에 이민 온 사람들은 다 자기처럼 사연이 많다는 이야기를 했다. 그러면서도 불법체류자라는 "열악한 조건"에서 시작한 사람은 많지 않을 것으로 예상했다. 영희는 자기가 "죽기 전에 우리 아들 이름으로 집을 살 계획"이라고 이야기하면서 자신의 생애이야기를 끝마쳤다.

영희는 지금까지의 삶을 돌아보면서, 한국에서 첫 번째 남편과 살면서 "정말 잘못하고 살았던 게 너무 많구나."라고 회고했다. 허황되게 큰 사업만 벌이다 실패만 거듭했던 첫 번째 남편과의 생활에 대해 그녀는 자기가 잘못한 1퍼센트가 100퍼센트만큼 잘못했다는 말을 구술채록자가 이해하는지 다그쳐 물었다.

영희는 현재의 삶 역시 이기적이라는 생각에 공허함을 느낀다고 했다. 그러면서 그녀가 한국에 있을 때 이혼을 망설였던 것은 "입으로는" 가족과 주변을 생각한 것이라고 말했지만 결국 자기의 이기심이라고 고백했다. 첫 번째 남편과 헤어질 생각을 했을 때, 그녀는 언니나 오빠랑 상의하지 못한 것을 후회했다. 그녀는 처음 이혼할 때나 지금이나 다른 사람이 자신을 어떻게 평가할지에 민감하다고 이야기했다. 구술생애사 인터뷰 마지막 부분에서도 구술자인 영희는 구술채록자에게 자기의 이야기가 도움이 됐는지 재차물었다.

6장

재미한인여성의 생애이야기 읽기

1   삶의 맥락, 서사적 주체성, 서사전략

생애텍스트는 삶이란 가족에서 시작된다는 믿음에 바탕을 두고
있다(Denzin 1989: 19). 수지(2장)의 생애이야기는 가족관계가 그녀의
삶에서 가장 중요한 맥락이라는 것을 보여주면서 생애이야기의 주
제가 되고 있다. 구술생애사 인터뷰 시작 부분에서 그녀는 미국에
언제 왔는지 묻는 구술채록자의 질문에 답하자마자, "내가 옛날이야
기를 하게 되면 마음이 아파요. 그래서 말을 잘 안 해요."라는 말을
덧붙이면서 생애이야기를 본격적으로 시작했다. 그녀의 생애이야기
에는 큰언니가 사는 필라델피아에서 살다가 혼자 미주리주로 이주
하면서 자기에게는 형제도 부모도 없다고 생각했다는 대목이 나온
다. 미국에 온 후 그녀가 친정가족과 복잡하게 얽혔다는 이야기를
역설적인 한마디로 표현한 것이다. 지나온 삶을 회고하면 마음이 아
파서 더 이상 기억하고 싶지도 않고 말하고 싶지도 않은 가족사 때
문에 수지는 첫 번째 구술생애사 인터뷰를 망설였고, 두 번째 인터
뷰는 거절했다.

수지가 스스로 꺼낸 이야기에는 주로 친정가족이 등장하고 구술 채록자가 그림에 대한 이야기를 끄집어냈지만, 그녀에게 화가라는 주체적 자기인식은 뚜렷하다. 〈애리조나 한인미술협회〉 전시회에서 처음 만났을 때 그녀는 아티스트라고 쓴 명함을 구술채록자에게 주었고, 구술생애사 인터뷰를 하기 위해 미술재료 가게에서 만나자 그녀는 미술재료 가게를 오면 제일 편하고 늘 설렌다고 말했다. 구술 생애사 인터뷰를 거의 끝마칠 때쯤 본격적으로 언제부터 그림을 그렸느냐고 묻자, 미국에 와서 상을 두 번이나 받았다는 이야기도 했다. 수지는 공식적인 미술교육을 받지 않아 진짜 화가는 아니라고 겸손을 떨었지만, 마흔일곱 살 때인 1999년 미국인 남편의 권유로 공장 일을 그만두고 본격적으로 그림을 그리기 시작했다.

찬미(3장)는 자기의 삶은 "뭐 영화로 찍어야 되지."라고 운을 뗀 후 사업이 거듭 실패한 이야기로 생애이야기를 시작했다. 그녀에게 가장 중요한 삶의 맥락은 미국에서 가정경제를 책임지면서 오랫동안 한식당을 운영해 온 것이다. 이민을 와서 처음 살았던 로스앤젤레스와 가장 오래 살았던 하와이에서 한식당을 운영한 것까지 합하면, 그녀는 40년가량 한식당을 운영해 오고 있다. 생애이야기에는 한식당을 운영하면서 가정경제를 책임져야 했던 부담감도 묻어나지만, 그녀는 자기를 기본적으로 한식당 주인으로 인식하고 있다. 이는 그녀가 2017년 미국에서 한글로 낸 시집의 부록으로 한식에 대한 조리법을 소개한 것으로도 알 수 있다.

지원(4장)이 "제 이야기는, 저는, 캄플리케이트complicate해요, 복잡해요."라고 시작한 그녀의 생애이야기에서 이혼은 생애이야기의 주제이자 그녀에게 가장 큰 인생사건이다. 그녀는 가장 중요한 삶의 맥락인 이혼과 이혼 후의 복잡한 삶을 말하고 싶어 구술채록자에게 자신의 생애를 이야기했다. 그녀가 이혼한 후에는 아들과의 관계가 중요한 삶의 맥락으로 제시되고 있다. 다른 사람들이 모자관계를 부녀관계에 빗댈 정도로 아들이 어머니를 끔찍하게 잘 보살피고 있다고 강조했다.

지원의 현재를 강력하게 말해주고 있는 것은 이혼 후 온라인에서 만난 한국남자들에게서 많은 상처를 받았으며, 혼자 살면서 온라인으로 한국의 다양한 인문학을 섭렵하고, 재미한인사회와 연결 고리가 되는 한식당에서 웨이트리스 일을 하고 있다는 것이다. 미국에 와서 처음 한 웨이트리스 일을 이혼 후 다시 하게 된 배경과 느낌에 대한 이야기를 세 차례 인터뷰 때마다 한 것을 보면, 한식당 웨이트리스가 지원의 서사적 주체성의 핵심이다.

영희(5장)의 서사적 주체성은 불법체류자였던 스시 바 주인이라는 것이다. 그녀가 자신의 생애를 구술채록자에게 이야기하게 된 동기는 분명하다. 불법체류자로 미국생활을 시작했음에도 불구하고 현재 대형 슈퍼마켓 안에 있는 스시 바에서 성공적으로 장사를 하고 있다는 것을 구술채록자에게 보여주고 싶었던 것이다. 불법체류는 그녀의 생애에서 가장 중요한 전환점이 되었다. 남에게 자신을 감추지 않는 성격이라고 말한 것을 보면, 그녀는 불법체류자로 살고 있었을 때도 많은 경우에 불법체류자라는 신분을 재미한인사회에서 감추지 않았다고 보인다.

영희가 두 번 이혼한 것은 각각의 이혼 사유가 분명하지만 불법체류자라는 신분과 밀접하게 연관된다. 불법체류자로서 시민권자와 결혼하여 영주권을 받는 것 이외에 별다른 방법이 없었던 그녀는 두 번째 결혼을 위해 첫 번째 남편과 이혼했다. 재미한인사회에서 비즈니스 브로커로 활동하는 두 번째 남편이 노름꾼이자 사기꾼으로 판명된 데다 아들을 학대하자, 영주권을 받은 그녀는 이혼을 했다. 이혼녀와 불법체류자라는 오명은 스시 장사를 하면서 자녀교육을 제대로 시켰다는 자부심으로 어느 정도 극복되고 있다.

이 책에 실린 생애이야기에는 구술자가 특정 사실이나 경험을 직접적으로 자세하게 언급하지 않은 채 구술채록자나 독자가 추측하여 이해하도록 한 경우가 꽤 많았다. 수지의 생애이야기 곳곳에는 미군과 결혼한 큰언니가 수지에 대해 좋지 않은 말을 많이 했다는 이야기가 여러 차례 등장한다. 그러나 큰언니가 그녀에 대해 좋지 않게 이야기한 말이 어떤 말인지 끝내 구체적으로 이야기하지 않았다. 큰언니가 한 말을 이야기하다 보면 그 말을 들었던 때의 감정이 다시 들기 때문이다. 이야기를 하지 않음으로써 오히려 그때의 감정을 더 두드러지게 보여준 것이다(Levin 2013: 720).

수지는 그녀의 생애에서 중요한 타자인 친정가족이 왜 그렇게 행동했는지에 대해 그녀 나름의 생각을 이야기하지 않았다. 큰언니는 학교에 보내주겠다는 약속을 지키지 않을 것이면서 왜 수지를 미국으로 초청했는지, 결국 모든 친정가족이 미국에 왔는데 큰언니는 왜 그녀를 제일 먼저 초청했는지 그 이유를 말하지 않았다. 막내딸인 그녀가 왜 미국에서 여러 명의 친정가족을 돌보게 되었는지도 직접적으로 이야기하지 않았다. 어머니는 미국에 오면서 모든 재산을 팔아 물건으로 사서 큰언니한테 짐으로 보냈지만, 미국에 온 후 어머니의 수중에는 돈이 한 푼도 없었고, 큰언니가 어머니를 그녀에게 보냈다고 이야기했을 뿐이다.

미국인 남성과 결혼한 한인여성에 대한 한국사회의 편견으로 수지는 중년 한국남성인 구술채록자에게 큰언니의 결혼이나 본인의 결혼에 대해서 자세하게 이야기하지 않았다. 큰언니는 한국에서 미군과 결혼했고, 수지는 미국에서 큰언니 친구의 시동생인 미국인 남성과 결혼했다. 한인여성이 미국인 남성과 결혼하는 형태는 여러 가지가 있으나, 한인여성과 미국인 남성 부부라고 하면 한국사회에서나 재미한인사회에서나 미군과 기지촌 여성의 결혼을 가장 먼저 떠올린다(유철인 1996: 414). 따라서 미국인 남성과 결혼한 한인여성에 대한 편견은 기지촌 여성에 대한 오명을 포함한다(Yoo 1993: 34-37).

재미한인이 장시간 근로와 가족노동으로 소상인 자영업자로 성공한 사례가 많지만, 이에 못지않게 사업에 실패하는 사례도 많다. 거의 혼자서 40년간 한식당을 운영하고 있는 자영업자인 찬미는 한식당을 하다 실패한 것에 초점을 맞춰 자신의 삶을 이야기했다. 그러나 로스앤젤레스에 온 지 1년 만에 왜 한식당을 차릴 생각을 했는지, 그 당시 어떻게 한식당을 차릴 돈이 있었는지 이야기하지 않았다. 지원은 로스앤젤레스에서 애리조나로 이주하여 부부가 같이 옷가게와 스시 가게를 하면서 겪은 이야기를 자세하게 이야기하지 않고, 부부가 같이 자영업을 하니까 부부 간에 갈등이 많았다고만 이야기했다. 지원네 부부가 운영한 자영업은 부부 간 갈등이 결국 이혼에 이르게 됐다고 설명하기 위한 장치에 불과하다. 영희는 비즈니스 브로커인 두 번째 남편이 미국에 살고 있는 형제들한테 자영업을 소개하면서 어떻게 사기를 쳤는지 자세하게 이야기하지 않았다. 영희는 자기 때문에 형제들에게 큰 피해를 입혔다는 상처가 깊어 말을 못한 것이다.

이 책에 실린 생애이야기에는 중년 한국남성인 구술채록자가 어떻게 평가할지 염려가 되어 적극적으로 이야기한 사례도 있다. 지원과 영희는 둘 다 이혼에 대해 적극적으로 이야기했다. 지원은 자신의 삶이 파란만장하지만 다른 사람에게 솔직하게 다 터놓는 성격이라면서 세 차례 인터뷰마다 이혼하게 된 과정을 이야기했다. 그녀는 남편이 굉장히 성실한 사람이라는 이야기도 여러 번 했지만, 이혼 탓을 우선 남편에게 돌렸다. 남편이 가정폭력을 휘두르고 교회 이외에는 사회생활을 전혀 하지 않았다는 것이다. 그렇지만 이혼하게 된 것은 본인 탓도 있다고 인정했다. 그녀는 자신이 교만한 여자이며 술을 많이 마시고 남편처럼 자신도 성질을 이기지 못했다는 것이다. 더군다나 이혼 후 만난 한국남자들이 모두 형편없는 사람들인데다 온라인으로 한국의 다양한 인문학을 섭렵하면서 지원은 이혼한 전남편을 더 이해하게 된다.

다른 사람이 자신을 어떻게 평가할지에 민감한 영희는 이혼할 때마다 망설였지만, 두 번의 이혼 모두 탁월한 선택이었다고 스스로에게 다짐했다. 이혼 후 그녀의 삶이 이전보다 나아졌다고 스스로 평가했기 때문이다. 그러면서도 이혼에 이르게 된 과정에 대해 그녀는 자신의 잘못을 뒤돌아보았다. 두 명의 남편 모두가 99퍼센트 잘못을 하여 이혼을 했지만, 그녀 본인이 잘못한 1퍼센트가 100퍼센트만큼 잘못한 것이라고 두 번씩이나 이야기했다. 그런 이야기를 두 번째 할 때에는 구술채록자가 그 말을 이해하는지 다그쳐 물을 정도였다. 첫 번째 남편과의 생활에서는 허황되게 큰 사업만 벌이다 실패하는 남편을 아내로서 제대로 말리지 못한 잘못을 이야기했고, 두 번째 남편에 대해서는 사기꾼을 선택한 자신의 잘못을 고백했다. 지원과 영희는 이야기를 듣는 청자인 구술채록자의 평가를 염두에 두고 이혼을 적극적으로 정당화했지만, 이혼 이야기를 하면서 결국 자기성찰을 한 셈이다.

2 초국가적 삶: 이주, 기억, 행위

이주자의 생애이야기는 이주자가 이주에 대해 어떻게 생각하는지 보여준다는 점에서 이주연구에 공헌해 왔다(Thomson 1999: 29). 구술자 네 명 모두 미국 이민을 언급하면서 자신의 생애이야기를 시작했다. 그러나 구술자가 처음으로 이야기한 내용은 자신의 삶 전체를 스스로 어떻게 해석하고 있는지 보여주는 대목이기 때문에 처음으로 이야기한 내용에서 이민과정이 차지하는 비중은 구술자마다 다르다.

수지(2장)는 미국에 오기 전 한국에서 살던 곳에 관한 이야기로 시작했지만, 구술채록자가 미국에 언제 왔는지 묻자 "제가 70년도에 왔거든요, 71년도인가? 제가 그때 열아홉 살 때예요."라고 대답하면서 미국생활의 시작에 대해 이야기했다. 찬미(3장)는 생애이야기를 시작하면서 "[미국에] 스물일곱 살에 왔어요, 저는. 지금 69세니까 몇 년 됐나? 처음에 엘에이LA로 왔어요."라고 이민에 대해 간단하게 언급했지만, 처음으로 이야기한 내용의 줄거리는 하와이에서 사업이 거듭 실패한 이야기이다. 지원(4장)은 "아버지가 미국에 와서 [저를] 초청해서 왔어요."라고만 말한 후, 26년간 결혼생활 끝에 이혼하게 된 과정부터 풀어놓았다. 영희(5장)는 "미국에 오게 된 동기부터" 이야기하겠다면서 미국생활을 불법체류자로 시작하게 된 과정으로 생애이야기를 시작했다. 네 명의 구술자 중 영희의 경우가 처음으로 이야기한 내용에서 이민과정이 차지하는 비중이 가장 크다. 이는 가족초청으로 이민을 온 다른 구술자와 달리 영희는 불법체류로 미국생활을 시작했기 때문이라고 해석할 수 있다.

1965년에 개정된 미국의 이민법은 1년 1개국 2만 명의 이민 쿼터를 7개 종목의 우선순위를 두어 운영하도록 했다. 쿼터에 따른 이민 1순위는 미국 시민권자의 21세 이상 미혼 자녀이며, 2순위는 영주권자의 배우자 및 미혼 자녀, 3순위는 과학과 예술에 탁월한 능력을 가진 자나 전문직 취업자 및 그 가족, 4순위는 시민권자의 기혼 자녀, 5순위는 시민권자의 형제자매 및 그 가족, 6순위는 기술·비기술 취업 이민 및 그 가족, 7순위는 난민 및 정치 망명자이다. 따라서 1, 2, 4, 5 순위는 가족결합 내지 가족초청 이민에 해당한다. 그러나 시민권자의 부모와 시민권자의 20세 이하 미혼 자녀, 그리고 시민권자의 배우자나 약혼자는 쿼터에 제약을 받지 않는다.

수지는 미군과 결혼한 큰언니의 초청으로 이민 쿼터 5순위(시민권자의 형제자매 및 그 가족)에 해당되어 미국에 왔다. 네 명의 구술자 중 수지만 미국 이민의 출발점이 미군과 국제결혼한 한인여성이지만, 미국의 이민법이 개정되어 가족초청 이민이 활발하게 전개되기 시작한 1965년 이후 미국에 온 한인 신이민자의 3분의 1(최복림 2002: 603) 내지 40~50% 정도(이부덕 1991: 319)가 미군과 국제결혼한 한인여성의 연고자로 추정된다. 나아가서 한인 신이민자 대부분은 미군과 국제결혼한 한인여성의 가깝거나 먼 친척이라고까지 이야기된다(Kim and Yu 1996: 357). 찬미는 시누이의 초청으로 미국에 왔기에 수지와 마찬가지로 이민 쿼터 5순위에 해당되고, 지원은 아버지가 초청했으므로 2순위(영주권자의 배우자 및 미혼 자녀)나 1순위(시민권자의 21세 이상 미혼 자녀)에 해당된다.

이민에 대한 기억은 이민자가 거주국에서 처한 상황에 따라 영향을 받기 때문에(Creet 2011 참조) 전체 생애이야기에서 이민동기나 이민과정에 대해 기억해서 이야기한 정도는 구술자마다 다르다. 수지는 미국에 오면 학교에 보내주겠다는 큰언니 말을 믿고 이민을 왔다. 이민의 동기가 학교에서 그림 공부를 제대로 하고 싶었던 것이다. 한국에서 중학교까지만 졸업한 그녀는 미국에 와서 비록 미술교육을 제대로 받지 못했지만, 나름 꿈꾸던 화가가 되었기에 미국 이민이 새로운 기회가 되었다. 미국 이민에 대한 수지의 기억은 비록 미국에 와서 친정가족 때문에 힘들었지만 아티스트로 대접 받는 현재의 삶에서 중요하게 작용하고 있다.

영희는 빚에 쫓기는 남편을 떠나기 위해 미국에서 불법으로 체류할 마음을 먹고 자녀들과 함께 큰오빠네가 한식당을 하고 있는 애리조나주로 한국에서 바로 왔다. 그녀와 여덟 살인 아들은 관광비자로 왔고, 스무 살인 딸은 유학비자로 왔다. 그녀는 미국에 오지 않고 한국에서 첫 남편과 계속 살았다면 남편이 허황된 사업을 포기하지 않았을 것이기에 불법체류로 시작한 미국 생활보다 더 힘들었을 것이고 아이들도 제대로 교육을 받지 못했을 것이라고 생각했다. 따라서 수지와 마찬가지로 영희는 미국 이주를 매우 긍정적으로 기억하고 있다. 이주동기를 매우 뚜렷하게 이야기한 영희는 네 명의 구술자 중 유일하게 미국에 도착한 날짜와 시간까지 정확하게 기억하여 이야기했다.

이민과정에 대해 찬미는 집에서 반대하는 결혼을 했기 때문에 시누이의 초청으로 이민을 왔다고만 이야기했다. 그녀는 남편이 한국에서 방송국 프로듀서로 일하고 있었는데 왜 미국으로 이민 올 생각을 했는지 남편의 생각이나 본인의 생각을 이야기하지 않았다. 그녀가 쓴 「캄톤」이라는 시를 보면, 한 살인 큰애와 함께 미국에 온 때를 아직은 신혼이라 고생이 고생인 줄 모르던 시절이라고 읊고 있다. 그녀의 시는 집에서 반대하는 결혼을 했기 때문에 이민을 왔다는 이야기를 뒷받침해 준다. 「캄톤」이라는 시를 언제 썼는지 알 수 없지만, 그녀는 시를 쓰면서 미국 이민 초기의 시절을 생생하게 기억해 냈다. 그녀는 미국에 이민 온 후 로스앤젤레스에서 하와이를 거쳐 빚잔치 끝에 큰아들네가 살고 있는 애리조나주로 이주한 사실은 비교적 또렷하게 기억하여 이야기했다. 이는 이주의 동기가 뚜렷했기 때문이다.

지원은 파혼을 한 후 흐지부지 노처녀로 있다가 아버지가 초청해서 미국에 왔다고 이야기했다. 그녀는 이혼 후의 복잡한 삶을 말하고 싶었기 때문에 이민동기에 대해서는 이야기하지 않았다. 그녀는 파혼한 것을 특이한 삶이라 표현했지만, 파혼을 했기 때문에 미국에 이민을 오게 되었다고 직접적으로 말을 하지는 않았다. 그러나 만약 한국에서 결혼을 했더라면 그녀는 이민을 오지 않았을 것이다. 결국 지원네 가족 모두 미국에 왔기에 이민 이외 다른 선택은 없었겠지만, 지원의 생애이야기는 본인의 이민을 어떻게 기억하고 있는지 말하지 않고 있다.

고국을 떠나 다른 나라로 이주한 이민자의 생애이야기는 기억의 이주와 구체적인 행위에 나타난 초국가적 삶을 보여준다(Chamberlain and Leydesdorff 2004; Apitzsch and Siouti 2007). 제주도를 다녀오다 죽은 둘째언니를 제외하고 수지의 모든 가족은 미국에 왔다. 한국에서 자라면서 친척을 보지도 못했고 미국인 남성과 결혼한 그녀에게 한국은 거의 관계가 없는 곳이라 생애이야기에는 한국과 관련된 초국가적 행위는 나타나지 않는다. 그러나 그녀의 생애이야기는 한국에서의 기억을 현재 미국에서 불러와 이야기하고 있다.

미국에 와서 친정가족과 복잡하게 얽히면서 오랫동안 어머니를 모시게 된 상황을 이야기할 때 수지는 어린 시절 어머니와의 관계를 회고했다. 또한 그녀는 화가라는 현재의 주체적 자기인식의 바탕이 되는 어린 시절의 기억을 되살리고 있다. 그녀는 어린 시절 혼자 놀 수밖에 없는 상황에서 분필을 가지고 땅에다 그림을 그린 기억을 현재 화가로 대접 받는 상황의 바탕으로 분명하게 말하고 있다. 고국에서의 기억이 이주에 따라 이동한 것이다.

찬미의 생애이야기에도 이민 오기 전 고국에서의 기억이 잘 드러난다. 그녀에게 고국에서의 기억은 어린 시절의 호강과 한국의 시인이 되고 싶은 꿈으로 남아있다. 친정 집안이 큰 부자였고, 지금도 고향에 집안 땅이 많다는 그녀의 기억은 아버지한테 들었을 일제강점기와 1944년 갑신년 장마 때의 이야기까지 끄집어낸다. 외동딸 막내로 어린 시절 아버지의 사랑을 한 몸에 받은 그녀는 평생에 할 수 있는 호강을 그때 한국에서 받아서 미국에 와서 생계를 책임지는 고생을 하고 있다고 생각하고 있다. 그녀에게 고국에서의 매우 좋은 기억은 미국에 이민 와서 지금까지 한식당을 운영하면서 고생한 경험을 상쇄시켜주고 있다.

고국에서의 삶은 이민 후에도 찬미에게 영향을 주었다. 아버지한테 물려받아 그녀 앞으로 되어있는 고향의 땅 문제로 찬미는 하와이에 살 때 충청북도 도청의 전화를 받고 어떻게 자신의 연락처를 알았는지 놀랐다고 한다. 고국에 남겨둔 부동산은 그녀에게 떠나온 한국과 현재 살고 있는 미국을 연결해주고 있다. 한국에서 문예창작과를 졸업한 그녀는 2017년 미국에서 한글로 쓴 시집을 자비로 냈다. 한국에서도 시집을 내고 싶은 찬미의 초국가적 바람은 비록 미국에서 살지만 한국의 시인이 되려는 것이다.

온 가족이 미국에 온 지원에게 고국에 대한 기억은 부모의 이혼과 본인의 파혼에 대한 기억이다. 부모의 이혼은 아버지가 미국에 이민을 오게 된 배경이 되고, 본인의 파혼은 지원이 미국행을 결심한 계기가 된다. 그녀가 미국에 온 지 얼마 되지 않았던 1980년대 중반 로스앤젤레스 코리아타운에서 혼자 살 때 밤새 한국 드라마 비디오를 봤던 것은 문화적 범주의 초국가적 행위(Al-Ali et al. 2001: 581)라 하겠다. 특히 이혼 후 유투브로 한국의 다양한 인문학 강좌를 섭렵하는 문화적 범주의 초국가적 행위는 지원이 방황하던 자신을 안정시키고 새롭게 자아 정체성을 형성하는데 큰 도움을 주고 있다. 지원의 생애이야기는 이혼 전 자영업에 매달리는 재미한인의 삶에서 이혼 후 초국가적 이주자의 삶으로 바뀌는 과정을 보여주고 있다.

이민자의 대표적인 초국가적 경제행위는 고국에 남겨진 가족에게 송금을 하는 것이다. 불법체류자로 미국생활을 시작한 영희는 반대로 고국에 남아있는 형제로부터 경제적인 도움을 받았다. 한국에 있는 작은오빠와 작은언니가 돈을 보내주어 그녀는 애리조나주에서 샌드위치 가게를 차려 처음으로 자영업을 시작할 수 있었다. 나중에 그녀는 이혼한 첫 번째 남편이 죽자 미국에 올 때 같이 왔다가 한국으로 돌아간 딸에게 아버지 장례식에 쓰라고 돈을 보내주기도 했다.

구술자 중 가장 늦게 미국에 온 영희에게 고국에서의 삶에 대한 기억은 이민 후 스시 바 주인이 되는 과정에 큰 영향을 주었다. 한국에서 미술학원과 유치원을 경영했던 경험에서 비롯된 그녀의 배짱은 그녀가 회사의 프랜차이즈 스시 바를 시작할 때 큰 도움을 주었다. 유치원 교사들 상대로 강의를 하면서 가졌던 자부심은 처음에 영어도 잘하지 못하는 미국생활을 헤쳐 나가는데 큰 도움이 되었다. 영희의 생애이야기는 이주자들이 이주 전 과거의 행동과 이에 대한 기억을 이주 후 새로운 환경에 적응하는데 활용한다(Misztal 2016)는 것을 잘 보여준다.

참고문헌

강옥엽·김도형·김점숙·이덕희·이진영·임학성, 2009, 『하와이 동포의 한국 사회에 대한 기여』, 인하대학교 출판부.

김성례, 2002, 「여성주의 구술사의 방법론적 성찰」, 『한국문화인류학』 35(2): 31-64.

박경용, 2014, 「조선족 디아스포라 구술생애사 연구 현황과 방법」, 『아태연구』 21(1): 71-108.

송창주, 2014, 「한인디아스포라의 초민족문화적 비즈니스와 정체성의 정치학: 한인이민들의 스시 비즈니스와 '아시아인' 정체성」, 『재외한인연구』 34: 397-428.

신의항, 2007, 「미국 한인 동포 사회와 타인종 집단 간의 불평등」, 『북미주 한인의 역사(상)』, 국사편찬위원회.

유철인, 1996, 「어쩔 수 없이 미군과 결혼하게 되었다: 생애이야기의 주제와 서술 전략」, 『한국문화인류학』 29(2): 397-419.

_____, 1998, 「물질하는 것도 머리싸움: 제주해녀의 생애이야기」, 『한국문화인류학』 31(1): 97-117.

_____, 2003a, 「가족과 친족생활」, 『미국 하와이지역 한인동포의 생활문화』, 한국문화인류학회 (편), 국립민속박물관.

_____, 2003b, 「의·식·주 생활」, 『미국 하와이지역 한인동포의 생활문화』, 한국문화인류학회 (편), 국립민속박물관.

_____, 2004, 「구술된 경험 읽기: 제주4·3 관련 수형인 여성의 생애사」, 『한국문화인류학』 37(1): 3-39.

_____, 2008, 「지방사 연구와 인류학: 생애사 연구를 중심으로」, 『지방사연구입문』, 역사문화학회 엮음, 민속원.

_____, 2011, 「구술생애사를 텍스트로 만들기: 제주해녀 고이화의 두 가지 텍스트 비교」, 『한국문화인류학』 44(2): 113-138.

_____, 2016, 「구술생애사 인터뷰를 텍스트로 만들기: 서평, 『안주의 땅을 찾아서: 재일제주인의 생활사 1』(재일제주인의 생활사를 기록하는 모임 엮음, 김경자 옮김, 선인, 2012)」, 『구술사연구』 7(1): 229-241.

_____, 2017, 「구술된 경험과 서사적 주체성: 여성 사업가의 구술생애사 읽기」, 『한국여성학』 33(3): 427-454.

_____, 2019, 「재미한인 여성의 구술생애사: 무엇을 말하고 어떤 것을 듣나」, 『구술사연구』 10(2): 177-201.

_____, 2020, 「초기 재미한인 가족의 초국가적 삶: 메리 백 리(Mary Paik Lee)의 자서전 읽기」, 『태평양을 넘어서: 글로벌 시대 재미한인의 삶과 활동』, 정은주 엮음, 학고방.

윤인진, 2007, 「코리아타운의 형성과 발전」, 『북미주 한인의 역사(상)』, 국사편찬위원회.

윤택림, 2011, 「치유를 위한 자기서사: 한 실향민 여성 구술생애사와 자서전 비교분석」, 『구술사연구』 2(2): 97-131.

이부덕, 1991, 「국제결혼 한미여성의 공헌과 수난」, 『미국 속의 한국인』, 민병갑 외 9인, 유림문화사.

이소희, 2016, 「조용한 오딧세이: 역사의 주체로서 삶 쓰기」, 『영미문학페미니즘』 24(2): 115-158.

이정덕, 2003, 「직업과 경제생활」, 『미국 하와이지역 한인동포의 생활문화』, 한국문화인류학회 (편), 국립민속박물관.

임영상, 2003, 「코리언 디아스포라와 구술사」, 『역사문화연구』 19: 1-22.

_____, 2006, 「코리언 아메리칸과 구술사: 백한원-장진옥 부부의 인디애나 생활」, 『역사문화연구』 25: 277-321.

장태한, 2002, 「4·29 LA 폭동과 한인사회」, 『미주 한인이민 100년사』, 한미동포재단·미주 한인이민 100주년 남가주기념사업회.

조지 마커스·마이클 피셔, 2005, 『인류학과 문화비평』, 유철인 옮김, 아카넷.

최복림, 2002, "Pioneers in Inter-Racial and Inter-Cultural Marriages and Adoptions," 『미주 한인이민 100년사』, 한미동포재단·미주 한인이민 100주년

남가주기념사업회.

한국문화인류학회 (편), 2003, 『미국 하와이지역 한인동포의 생활문화』, 국립민속박물관.

한미동포재단·미주 한인이민 100주년 남가주기념사업회 (편), 2002, 『미주 한인이민 100년사: 아메리칸 드림을 찾아서』.

Al-Ali, Nadje, Richard Black and Khalid Koser, 2001, "The Limits to 'Transnationalism': Bosnian and Eritrean Refugees in Europe as Emerging Transnational Communities," Ethnic and Racial Studies 24(4): 578-600.

Apitzsch, Ursula and Irini Siouti, 2007, "Biographical Analysis as an Interdisciplinary Research Perspective in the Field of Migration Studies." (https://www.researchgate.net/publication/242222997_Biographical_ Analysis_as_an_Interdisciplinary_Research_Perspective_in_the_Field_of _Migration_Studies, 검색일 2020.12.18)

Bruner, Edward M., 1986, "Experience and Its Expressions," In The Anthropology of Experience, Victor W. Turner and Edward M. Bruner (eds.), Urbana: University of Illinois Press.

Chamberlain, Mary and Selma Leydesdorff, 2004, "Transnational Families: Memories and Narratives," Global Networks 4(3): 227-241.

Charr, Easurk Emsen, 1996(1961), The Golden Mountain: The Autobiography of a Korean Immigrant, 1895-1960, Wayne Patterson (ed.), Urbana: University of Illinois Press.

Chin, Soo-Young, 1999, Doing What Had to Be Done: The Life Narrative of Dora Yun Kim, Philadelphia: Temple University Press.

Crapanzano, Vincent, 1980, Tuhami: Portrait of a Moroccan, Chicago: The University of Chicago Press.

Creet, Julia, 2011, "Introduction: The Migration of Memory and Memories of Migration," In Memory and Migration: Multidisciplinary Approaches to Memory Studies, Julia Creet and Andreas Kitzmann (eds.), Toronto: University of Toronto Press.

Denzin, Norman K., 1989, *Interpretive Biography*, Sage University Paper Series on Qualitative Research Methods, Vol. 17, Beverly Hills: Sage.

Freeman, James M., 1989, *Hearts of Sorrow: Vietnamese-American Lives*, Stanford: Stanford University Press.

Glick Schiller, Nina, Linda Basch and Christina Szanton Blanc, 1995, "From Immigrant to Transmigrant: Theorizing Transnational Migration," Anthropological Quarterly 68(1): 48-63.

Goncharova, Galina Nikolaevna, 2016, "Getting inside the Migrants' World(s): Biographical Interview as a Tool for (Re)searching Transcultural Memory," Crossings: Journal of Migration & Culture 7(1): 43-61.

Hyun, Peter, 1995, *In the New World: The Making of a Korean American*, Honolulu: University of Hawaii Press.

Kim, Elaine H. and Eui-Young Yu, 1996, *East to America: Korean American Life Stories*, New York: The New Press.

Langness, L. L. and Gelya Frank, 1981, *Lives: An Anthropological Approach to Biography*, Novato: Chandler & Sharp Publishers, Inc.

Lee, Mary Paik, 1990, *Quiet Odyssey: A Pioneer Korean Woman in America*, Sucheng Chan (ed.), Seattle: University of Washington Press.

Lenz, Ilse and Helen Schwenken, 2002, "Feminist and Migrant Networking in a Globalising World: Migration, Gender and Globalisation," In *Crossing Borders and Shifting Boundaries* Vol. II: *Gender, Identities and Networks*, Ilse Lenz, Helma Lutz, Mirjana Morokvasic, Claudia Schöning-Kalender, Helen Schwenken (eds.), Opladen: Springer Fachmedien Wiesbaden.

Levin, Irene, 2013, "Silence, Memory and Migration," Journal of Comparative Family Studies 44(6): 715-723.

Levitt, Peggy and Mary C. Waters, 2002, "Introduction," In *The Changing Face of Home: The Transnational Lives of the Second Generation*, Peggy Levitt and Mary C. Waters (eds.), New York: Russell Sage Foundation.

Mandelbaum, David G., 1973, "The Study of Life History: Gandhi," Current Anthropology 14(3): 177-206.

Mintz, Sidney W., 1998, "The Localization of Anthropological Practice: From Area Studies to Transnationalism," Critique of Anthropology 18(2): 117-133.

Misztal, Barbara A., 2016, "Memory's role in lending meaning to migrants' lives," Crossings: Journal of Migration & Culture 7(1): 9-25.

Personal Narratives Group, 1989, "Origins," In *Interpreting Women's Lives: Feminist Theory and Personal Narratives*, Personal Narratives Group (ed.), Bloomington: Indiana University Press.

Rabinow, Paul and William M. Sullivan (eds.), 1979, *Interpretive Social Science: A Reader*, Berkeley: University of California Press.

Rosenthal, Gabriele, 1993, "Reconstruction of Life Stories: Principles of Selection in Generating Stories for Narrative Biographical Interviews," In *The Narrative Study of Lives*, Ruthellen Josselson and Amia Lieblich (eds.), Newbury Park: Sage.

Shostak, Marjorie, 1981, *Nisa: The Life and Words of a !Kung Woman*, New York: Vintage Books.

Thomas, William I. and Florian Znaniecki, 1918, *The Polish Peasant in Europe and America: Monograph of an Immigrant Group*, Boston: The Gorham Press.

Thomson, Alistair, 1999, "Moving Stories: Oral History and Migration Studies," Oral History 27(1): 24-37.

Weedon, Chris, 2004, *Identity and Culture: Narratives of Difference and Belonging*, Maidenhead: Open University Press.

Yoo, Chul-In, 1993, "Life Histories of Two Korean Women Who Marry American GIs," Unpublished Ph. D. dissertation, University of Illinois at Urbana-Champaign.

자료

수지(가명) 구술, 유철인 면담, 2018년 5월 6일 인터뷰.

영희(가명) 구술, 유철인 면담, 2018년 11월 14일 인터뷰.

지원(가명) 구술, 유철인 면담, 2017년 2월 5일 1차 인터뷰, 2018년 5월 2일
　　2차 인터뷰, 2018년 5월 4일 3차 인터뷰.

찬미(가명) 구술, 유철인 면담, 2017년 2월 3일 1차 인터뷰, 2018년 5월 2일
　　2차 인터뷰.

남가주대학교 도서관, "Korean American Digital Archive"
　　(https://libguides.usc.edu/KADA, 검색일: 2020.7.17).

『아리조나 타임즈』 2011년 4월 27일, 「밸리 부동산 시장, 곳곳에서 '반등'
　　조짐」 (https://koreanaztimes.com/aznews/14708, 검색일: 2020.6.24).

『아리조나 타임즈』 2011년 5월 19일, 「AZ 공식 한인인구는 1만5022명」
　　(https://koreanaztimes.com/azknews_phoenix/16808, 검색일: 2019.9.15).

『아리조나 타임즈』 2018년 8월 8일, 「메트로 피닉스 토지가격 상승으로 모빌
　　홈 파크 밀려나」 (https://koreanaztimes.com/aznews/834610, 검색일:
　　2020.6.24).

인디애나대학교 도서관 아카이브, "Korean Immigrants in Indiana, 1990"
　　(http://purl.dlib.indiana.edu/iudl/findingaids/cshm/ohrc073, 검색일: 2020.
　　7.16).

스코츠데일시 홈페이지 (https://www.scottsdaleaz.gov/about, 검색일: 2020.6.17).

『코리아 포스트』 2018년 4월 27일, 11월 9일, 한인업소록.

『코리아 포스트』 한인업소록 (http://azkoreapost.com/directory, 검색일 2020.
　　7.20).

Thompson, David, *Honolulu-Magazine* 2013. 12. 3, "The Rise, Fall and Rebirth
　　of Waikiki's International Market Place" (http://www.honolulumagazine.
　　com/Honolulu-Magazine/December-2013/The-Rise-Fall-and-Rebirth-of
　　-Waikikis-International-Marketplace/, 검색일 2020.6.23).

U.S. Census Bureau, Population Census 1990, 2000.

찾아보기

| 지은이 소개 |

유철인

서울대학교 인류학과를 졸업하고 미국 뉴욕주립대학교(빙햄턴)에서 인류학 석사학위, 미국 일리노이대학교(어바나-샴페인)에서 미군과 국제결혼한 한인여성의 생애사 연구로 인류학 박사학위를 받았다. 한국문화인류학회장과 한국구술사학회장을 역임했으며, 현재 제주대학교 철학과 교수이다. 주요 논저로 『문화인류학자의 자기민족지 제주도』(2021), 『태평양을 넘어서: 글로벌 시대 재미한인의 삶과 활동』(공저, 2020), 『인류학과 문화비평』(역서, 2005), 『인류학과 지방의 역사』(공저, 2004), 「재미한인 여성의 구술생애사: 무엇을 말하고 어떤 것을 듣나」(2019), 「구술된 경험 읽기: 제주 4·3 관련 수형인 여성의 생애사」(2004) 등이 있다.

이주의 기억, 기억의 이주
재미한인여성의 생애이야기

초판 인쇄   2021년 11월 1일
초판 발행   2021년 11월 15일

지 은 이 | 유철인
펴 낸 이 | 하운근
펴 낸 곳 | 學古房

주   소 | 경기도 고양시 덕양구 통일로 140 삼송테크노밸리 A동 B224
전   화 | (02)353-9908 편집부(02)356-9903
팩   스 | (02)6959-8234
홈페이지 | www.hakgobang.co.kr
전자우편 | hakgobang@naver.com, hakgobang@chol.com
등록번호 | 제311-1994-000001호

ISBN 979-11-6586-422-4 93300

값: 14,000원